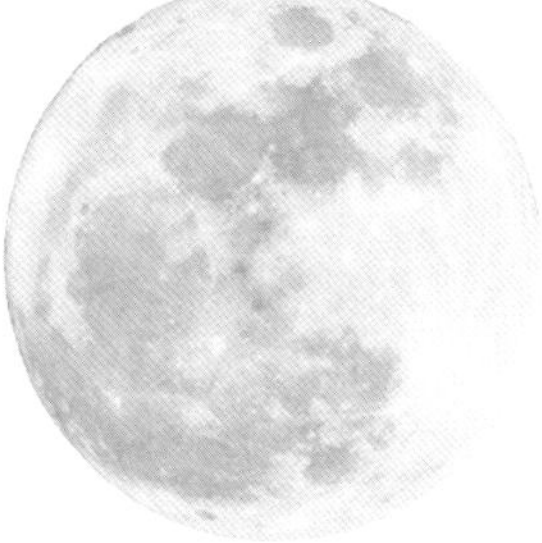

「あの世」に還る前に知っておくべき智慧

# 地獄に堕ちた場合の心得

大川隆法

Ryuho Okawa

# まえがき

本書の表題は、かなりストレートであり、おそらく怖《こわ》く感じる方もいるだろう。しかし、左翼の強い、現代の都市生活者は、半分以上は地獄に堕ちている。

また高学歴の者ほど、唯物論・無神論に傾いていくことが多い。特に理系の秀才で、人間性の低い人たちは、死後も救いがたいというのが真実だ。

その裏には、うぬぼれ、名誉心、嫉妬心がうごめいている。

簡単な言葉で真理を表現し、理解できない者は、生き方において間違うということだ。

日本では学校教育において、宗教教育、道徳教育が欠けていることが多い。神仏を怖れず、コロナウィルスを恐れている。あわれな現状である。

六十歳以上の方《かた》は、絶対に本書を読んでほしい。若いうちに読んでくれれば、もっと未来は明るい。

お寺の僧侶たちにとっても、本書が命綱《いのちづな》になることだろう。

二〇二〇年　六月二十七日

幸福《こうふく》の科学《かがく》グループ創始者兼総裁《そうししゃけんそうさい》　大川隆法《おおかわりゅうほう》

地獄に堕ちた場合の心得　目次

まえがき　1

# 地獄《じごく》に堕《お》ちた場合の心得《こころえ》

二〇二〇年五月十九日　説法《せっぽう》
幸福の科学 特別説法堂にて


## 1　憑依《ひょうい》現象の諸相　14

宗教が教義を編《あ》み、組織をつくり、教えを広げる理由　14

心境が同通することで起きる憑依　16

先祖・夫婦《ふうふ》・親子関係等の縁《えん》による憑依　18

恨《うら》みつらみ等の怨恨《えんこん》による憑依　20

「場所」に関係のある地縛霊《じばくれい》の憑依　22
「職業」にかかわる霊の憑依　24
「自殺者」の霊の憑依　25
コロナ感染《かんせん》による死者が多い病院も怖《こわ》いところがある　27

2 唯物論《ゆいぶつろん》・無神論・科学万能《ばんのう》主義の壁《かべ》　29

宗教的な教養を身につけることの意義　29
説得に骨が折れる「唯物論者の霊」　33
社会の富が増えずに、奪《うば》い合いになる「共産主義」　36
霊言集《れいげんしゅう》等による「唯物論」「無神論」「科学万能主義」との戦い　39

3 映画、アニメ、マンガ等に潜《ひそ》む地獄的な要素　41

世の中には、真っ当な「宗教的な映画」はほんの少ししかない　41

映像技術の発展で難しくなっている「UFOの証明」 43
映画・アニメ・マンガ・小説等のなかには地獄と同通するものもある 46

4 インスタント化した日本仏教の問題点 50

「反省」や「感謝」をしている人には、奇跡《きせき》が起きることがある 50
悪人正機説《あくにんしょうきせつ》は、下手《へた》をすればエゴイズムになる 52
宗教は広げようとするなかで、安易化していくことがある 55
地獄に堕ちたあとの救いの教えがない「念仏《ねんぶつ》地獄」 58
仏の子の自覚を持ち、「他の人に対して何をしたか」を考えよ 60

5 釈尊《しゃくそん》の教えの正しい解釈《かいしゃく》とは 64

「人間は生まれによってではなく、行いによって尊い」とする釈尊の教え 64
執着《しゅうちゃく》を断《た》つことを教え、この世なりの生き方も肯定《こうてい》している仏教 67

釈尊は断食行《だんじきぎょう》をやめて中道《ちゅうどう》に入《い》り、「智慧《ちえ》の立場」に立つことに目覚めた　69
仏教は、この世のものをすべて否定しているわけではない　73

## 6 地獄に堕ちる原因となる「物質への執着」や「思想の間違《まちが》い」　77

物質はこの世のものと心得よ　77
焼き場で焼かれても、あの世で服は着ている　79
思想的に間違った罪は重いと知れ　81
「神秘力」「法力《ほうりき》」「救済力」を取り去ったら仏教ではない　83
仏法真理《ぶっぽうしんり》を学んで信仰《しんこう》を持てば、地獄に堕ちても救いは必ず来る　87

## 〈付録①〉中村元《なかむらはじめ》の霊言

二〇二〇年五月十九日　収録
幸福の科学　特別説法堂にて


1　腹を立てて現れた中村元　93
地獄まで聞こえてきた法話《ほうわ》に反応して現れた中村元の霊　93
悟《さと》りについては「分かる人はいない」、法力については「学問的でない」？　96
「これ以上、私の批判を続けるなら、口を封《ふう》じる必要がある」　99
〝世界的権威《けんい》〟である中村元の考える「涅槃《ねはん》」とは　101
「現代人である私のほうが、仏陀《ぶっだ》より賢《かしこ》いはず」？　104

仏教学の渡辺照宏《わたなべしょうこう》博士をどう見ているか 107
「また悪口を言っている」と思って、説法の途中《とちゅう》から来た 108

2

## 仏教を「無霊魂説《むれいこんせつ》」にする解釈の間違い 113

「魂《たましい》はない」と教える仏教の大学 113
あくまでも魂を信じない中村元 115
仏教の世界的権威であっても、「業《ごう》」については分からない 121

3

## 仏陀を自分と同格まで引き下げた罪 127

大川隆法総裁を仏陀と認めない中村元 127
「仏陀の仕事を現代的にしたのが私だ」? 132
肩書《かたがき》にこだわり、自分への批判を嫌《いや》がる中村元 135
自分が仏教学でいちばん頭がいいと思い、「神秘体験」を否定する 140

中村元の仏典《ぶってん》の翻訳《ほんやく》にはバイブレーションがない 146
「仏陀が私より後輩《こうはい》で生まれてくるのはおかしい」 152
「仏教は無霊魂説」という学説をつくってしまった中村元 153

4 死んだ自覚がなく、心にあるのは「嫉妬《しっと》」や「金儲《かねもう》け」 157

「幽霊《ゆうれい》は信じていない」「病院の特別室にいる」 157
「嫉妬心」を隠《かく》せない中村元 164
仏教のお経《きょう》は二千五百年遺《のこ》る「大ベストセラー」 168
自分にとって都合《つごう》の悪い教えは「たとえ話」と解釈する 171
再び、「病院の特別室で、まだ生きている」と主張 176
繰《く》り返しされる「金儲け」の話 179

5 自《みずか》らが仏陀になり代わろうとする慢心《まんしん》 185

「仏陀は生まれたんですよ、中村元として」という主張　185
この世の評価にかかわらず、学者にも天国・地獄の差がある　190

# 〈付録②〉渡辺照宏の霊言

二〇二〇年五月十九日　収録
幸福の科学　特別説法堂にて

1　渡辺照宏先生が中村元の間違いを見抜《みぬ》く　199
中村元にあるのは「うぬぼれの心」　199
「霊能力がない仏陀なんて、あるわけがない」　204
弟子《でし》が仏陀の説法をいじってはいけない　208

宗教においては、「うぬぼれ」が〝最大の穴〟 213
東京ドームでの講演会に中村元は嫉妬していた 218

## 2 学者等の権威に負けず、神仏を護《まも》り抜く 220

仏陀の説法は「救いの糸」として地獄にも下ろされている 220
「永遠の真理を説く人」を護らなければいけない 222
仏教を壊《こわ》そうとしている者がいる 225
「いろんな権威に負けないように頑張《がんば》りなさい」 231

あとがき 238

# 地獄《じごく》に堕《お》ちた場合の心得《こころえ》

二〇二〇年五月十九日　説法《せっぽう》
幸福の科学　特別説法堂にて

## 1 憑依《ひょうい》現象の諸相

### 宗教が教義を編《あ》み、組織をつくり、教えを広げる理由

二〇二〇年、映画「心霊喫茶《しんれいきっさ》『エクストラ』の秘密――The《ザ》 Real《リアル》 Exorcist《エクソシスト》――」（製作総指揮・原作 大川隆法）が、全国で上映されました。その映画に関連して、勉強しておくとよいと思う話をしていきます。

映画を観終《みお》わっての感想としては、主人公のサユリが、頑張《がんば》って悪霊《あくれい》を撃退《げきたい》したり、成仏《じょうぶつ》させたりしていて、すごいなと思うところはあるのですが、ふと考えてみると、日本には一億二千万人以上の人がいますし、外国には七十数億人もの人がいるわけです。二時間の映画中で、サユリが成仏させたり撃退したりした霊が何人いるかと数えてみると、十人もいるかどうか分からないぐらいでしょう。

正確な統計があるわけではありませんが、世界約八十億人として、少なくとも半分の四十億人ぐらいが地獄《じごく》へ行くと考えたならば、それは大変なことで、どうしようもありません。地獄へ行った人が、みなゾンビのように出てきて生きている人に取り憑《つ》き、人生を狂《くる》わせているということになると、天国へ行ける人がいなくなる日は、かなり近くなるのではないかと思います。

そういうことで、エクソシストによって悪霊祓《ばら》いもできるのですが、それだけでは、とてもではないけれども間に合わないという面もあるでしょう。そういう意味で、「宗教の必要性」というものが出てくるわけです。

宗教は、教義を編《あ》み、組織をつくり、その教えを弘《ひろ》めていきます。弟子《でし》たちも使って全国・全世界に教えを広げているのは、大勢の人を救うためには、そういう手を使わないかぎり、個人ではなかなか難しいからです。

「個人での救済」というのは、念力《ねんりき》系のエクソシストや、人生相談的なもので救える場合もあるとは思いますが、どうしても数が限られてきます。宗教のなかでも、人生相談もので活動している宗教は、三百人ぐらいの信者で止まってしまうことが多いのが一般《いっぱん》的で、それ以上になると、教祖だけでは対応できなくなるのです。それ以上は聞いていられなくなるので、人数は少なくなります。

したがって、大勢の人を救おうとするならば、基本教義があってそれを広げていくようなかたち、あるいは、弟子を養成して分担して当たっていくかたちを取らないかぎり、どうしても救い切れません。そういうことで、大きな宗教が必要になってくるわけです。

## 心境が同通することで起きる憑依

エクソシストというものは実際にありえますし、その人が危機に陥《おちい》っているような場合には、緊急避難《きんきゅうひなん》的、救急治療《ちりょう》的に、取り憑いているものを強引《ごういん》に引き剝《は》がすのも大事なことではあると思います。

ただ、問題としては、それは、あくまでも救急治療的な面が多いということです。

迷って取り憑いているもの自体を本当に成仏させるには、納得《なっとく》するまで説得しなければなりません。また、取り憑かれた人が今後も取り憑かれないためには、その人の心が波長同通《はちょうどうつう》しない、つまり、地獄霊と同通しないような心境をつくれる状態まで導かなければならないわけです。水と油のようになれば、くっつかないのでよいのですが、油同士、水同士ならくっつきます。

例えば、水の粒《つぶ》であっても、スポイトのようなもので水滴《すいてき》を落とし、水の粒をだんだんに大きくして、別の水の粒に近づけていくと、一定の距離《きょり》になってきたときに、二つの水玉がパッと一つになります。そのような感じは、「憑依《ひょうい》の原理」にもよく似ていて、やはり、自分に似ているものが来るのです。

したがって、気をつけなければならないのは、次のようなことです。

それは、ほかの宗教にもよくあることで、先祖供養《くよう》を中心にする宗教もそうですし、それ以外のものもそうですが、要するに、「取り憑いているものがいるから、不幸な人生を送っているのだ。それを追い出しさえすれば、あなたは幸福になれるのだ」というような宗教が多いのです。それは分かりやすくて、納得しやすい気もしますし、自分自身を責めずに済むところもあるので、とりあえず、それを浄霊《じょうれい》してもらったり、追い出してもらったりすれば済むという考えもあるでしょう。

ただ、今述べたように、やはり、緊急治療的な面はあるわけです。一時的に離《はな》すことはできても、例えば、数年や十年、二十年、あるいはそれ以上も取り憑かれていた場合、本人自身の「心の傾向性《けいこうせい》」が、取り憑いていたものにかなり近くなっているはずです。一時期、心境がよくなることはあるでしょうが、放置すれば、また戻《もど》ってきたり、さらに〝援軍《えんぐん》〟を呼んで増強して来たりする場合もあるので、根本的な治療にはなっていないこともあります。

## 先祖・夫婦《ふうふ》・親子関係等の縁《えん》による憑依

もう一つ、心配なことがあります。

「波長同通の法則」を知らずに、「先祖の霊が取り憑いている」「先に亡《な》くなった夫婦《ふうふ》の片方が取り憑いている」「死んだ子供が取り憑いている」などということもあります。そういう場合には、縁《えん》があるので来るのはしかたがない面もあるとは思いますが、それを引き剝がしただけでは終わらないところがあるのです。

例えば、夫婦の片方が地獄に堕《お》ちていて、取り憑いてきた場合、「このままでは取り憑かれている人も不幸になるから、引き剝がす」ということはできるのですが、引き剝がしても、ほかに行くところがなくて、すがるところがないために、また戻ってこざるをえないのです。ほかに救ってくれる人がいれば、そこへ行くこともあるでしょうが、救ってくれる人がいなければ戻ってきます。子供の霊でも、やはり、そういう傾向はあるでしょう。

そのように、行くところがなければやって来るということで、縁があって来ているようなものの場合には、そう簡単ではないことがあります。

## 恨《うら》みつらみ等の怨恨《えんこん》による憑依

こういうことは、親子、きょうだい、親戚《しんせき》等の血縁関係以外では、怨恨《えんこん》によるものがあります。恨《うら》みつらみ等を持ったまま亡くなった人の場合には、しつこいことが多いのです。

日本で言えば、江戸《えど》時代あたりから伝わっている怪談《かいだん》もの、地獄もの、幽霊《ゆうれい》ものなどには、そういうものが数多くあります。

このような霊は、特定の相手に対する恨みを持っているので、法力《ほうりき》を持ったお坊《ぼう》さんや陰陽師《おんみょうじ》のような人がお札《ふだ》を貼《は》って追い出したり、相手が嫌《いや》がることをしたりして遠ざけることはできても、成仏させるところまでは、それほど簡単にはいかないこともあるのです。なぜなら、恨みを持つことに正当性がある場合もあるからです。

その人を恨んでいる場合として、生きている人が、例えば、悪徳の高利貸しで、お金を貸して利子をものすごく取り、「借金が二倍になったぞ。三倍になったぞ。十倍になったぞ。金を返せ。返せないって？　じゃあ、家をもらうぞ。土地をもらうぞ。それから、今年の収穫《しゅうかく》を全部もらう」とか、「娘《むすめ》を売り飛ばす」とか、このようなことをしていたのであれば、それで死んだ人の恨みはなかなか解けないこともあるでしょう。

こういうものの場合には、しっかりと説得して成仏させられればよいのですが、霊と話をして説得するところまで行ける人は、それほど多くはいません。

幸福の科学には、霊道《れいどう》の開けている人が数名から十数名ぐらいはいるのですが、そういう人も、霊と話をして成仏させるところまで行くのは、それほど簡単ではありません。その人の「悟《さと》り」にもよりますし、「対機説法《たいきせっぽう》」、つまり相手に合わせた話ができなければならないので、相手が何者かも分からない状態では、残念ながら成仏させるのは難しいのです。とりあえず引き剝がすぐらいが限度になります。このように、怨恨によるものもあります。

## 「場所」に関係のある地縛霊《じばくれい》の憑依

あとは、ホラーもの等でよく見るのは、「場所」に関係のあるものです。要するに、「事故物件」といわれる、自殺した人が出た家やマンション等のような、場所に関係があるものは、そこに行けば幽霊《ゆうれい》が出てきて取り憑かれることもよくあります。

あるいは、病院跡《あと》や、廃墟《はいきょ》、工場の跡地など、昔、いろいろあっていわれのあるような所に行ったり、墓地に行ったり、「心霊スポット」といわれるような所を巡《めぐ》ったりすることもあるでしょう。

それから、山道のカーブ等では、ハンドルを切り損ねて崖《がけ》から落ちたりと、事故をよく起こすような所があり、そこに幽霊が出ると聞いた若い人たちが、「面白《おもしろ》いじゃないか。幽霊を見てみよう」ということで、四人ぐらいで車で乗りつけて、夜中の二時、三時ごろに肝試《きもだめ》しをして回るようなこともあります。

そういう場合には、たいてい連れて帰ることが多いので、そのあとでどなたかの家に〝ホームステイ〟をすることもあるでしょう。

ただ、場所に関係する地縛《じばく》霊系のものには、かかわらないのがいちばんです。「幽霊がよく出る」「ここで人が死んで、たぶんまだ迷っているだろう」とはっきり分かるような場所には行かない、また、近寄らないほうがよいと思います。

仏陀《ぶっだ》は、この世の無常《むじょう》を悟らせるために、弟子たちを死体置き場に行かせたりしていました。

当時は、四角い穴を掘《ほ》って、死体を次々と放り込《こ》んでいた場所があったのです。これは、お金のない人たち向けのものです。お金のある人は、きちんときれいな黄色の服を着せてもらって、火葬《かそう》され、ガンジス川に流してもらうこともありましたが、お金のない人たちは、そのような死体置き場にどんどん投げられて、鳥の餌《えさ》になったり、埋《う》められたりすることもあったのです。

弟子たちは、そういう所で禅定《ぜんじょう》・瞑想《めいそう》をするような怖《こわ》いこともしていますが、

「自分のやがての姿であると思って、それを見て無常を感じ取れ」という修行《しゅぎょう》をしていたわけです。

そのように、教団として修行で行《おこな》っている場合には、多少なりとも護《まも》られる部分はあると思いますけれども、夜中に一人で青山《あおやま》墓地をさまよったり、そこで禅定したりすれば、何が来ても文句《もんく》は言えないでしょう。

ですから、そういった場所はなるべく避《さ》けたほうがよいと思います。そのような所から連れてきたものに居座《いすわ》られると、だんだんにそちらに引っ張られていく可能性が高いのです。

## 「職業」にかかわる霊の憑依

そういった、「場所」にかかわるものもありますが、「職業」等にかかわるものもあるでしょう。

例えば、不良の仲間に入っていたり、あるいは暴力団やヤクザの仲間に入っていたりすると、そのなかには、かつて殺人をしたり、いろいろな犯罪をしたりした人の霊もたくさんいるでしょうから、そういうものをもらってしまうこともあるでしょう。

そうすると、自分も突発的《とっぱつ》に人殺しをしたり、犯罪を犯《おか》したりするかもしれません。

## 「自殺者」の霊の憑依

それから、映画「心霊喫茶『エクストラ』の秘密――The Real Exorcist――」にも出てきましたが、「自殺者」の霊による憑依もあります。

学校での飛び降り自殺、病院での自殺、役所での自殺等があります。これから会社の倒産《とうさん》も増えていきますので、経営者が自殺したり、クビを切られた従業員が、生活の見通しが立たなくなって自殺したりすることもあるでしょう。

先般、コロナ対策で、「とにかく、人との接触《せっしょく》を避けるように」と一生懸命《いっしょうけんめい》やっていた状況《じょうきょう》から少し切り替《か》わっていく境目のころに、東京都練馬《ねりま》区の商店街《しょうてんがい》のリーダーだったような人が、火事で亡くなりました。慶應《けいおう》大学や日本大学大学院の修士まで出た人で、トンカツ店を営《いとな》み、町内会をまとめていたらしいのですが、遵法《じゅんぽう》精神があったためか、コロナ対策で店を閉めて営業しなかったようなのです。

その人は火事で亡くなったのですが、どうも、このままでは食べていけないということで、トンカツ用の油をかぶって、火をつけて自殺したのではないかと言われています。そういう記事が新聞に載《の》っていました。

そのあたりから、流れが少し変わってきています。これから倒産するところがたくさん出てきて、自殺者が出るのではないかということで、その対策もしなければなりません。もし、コロナで数百人、千人が亡くなるとしても、自殺者が数千人、一万人と増えたら、差し引きすれば、人の命は同じなので、それは少しやりすぎということにもなるでしょう。

このあたりの関係には難しいところがあって、幸福の科学も意見を発信してはいるのです。何の病気で亡くなろうと、何かの事故で亡くなろうと、人の死は死であるので、その対策は必要なのではないかと思います。

自殺した人が出ると、その場所絡《がら》みで来る場合もありますが、それに引き寄せられる人も多いのです。

最近はあまりないのですが、昔は駅の付近などに踏切《ふみきり》がけっこうあり、そこで自殺する人も多かったので、踏切のそばに行くと、フラフラフラッと吸い込まれるようにして自殺してしまうケースもよくあったと思います。また、事故が頻繁《ひんぱん》に起きる交差点などもあるでしょう。

そのように、人がよく死んでいる所や自殺している所等には、気をつけなければなりません。

## コロナ感染《かんせん》による死者が多い病院も怖《こわ》いところがある

その意味では、今回のコロナウィルスで感染者《かんせんしゃ》が大量に運び込まれて大勢の人が亡くなった病院なども、怖《こわ》いところはあります。

肺炎《はいえん》が悪化した場合、数日から一、二週間で亡くなることが多く、突然のことであるため、死ぬ準備は十分にできていないのではないでしょうか。ガンに罹《かか》って「余命一年」などと言われ、身の回りの整理とお別れをしてから死ねる人はまだ幸福かもしれませんが、入院して二、三日後に死んでしまった場合には、おそらく何も考えていなかったと思われるので、大変でしょう。

医者は、心臓の鼓動《こどう》が停止するのを見て、「ご臨終《りんじゅう》です」と言い、呼吸器を外して終わりにしますので、それからあとは責任を持っていないのです。そのあとは、教会やお寺の仕事か、遺族の仕事だと思っているかもしれません。

しかしながら、急速に大勢の人が死んだりすると、それは大変でしょう。もちろん、一人で亡くなったとしても、病院に居座る人はときどきいますが、急にいっぺんに亡くなった場合、何が起きたのか、なかなか分からない人もいるはずです。

## 2　唯物論《ゆいぶつろん》・無神論・科学万能《ばんのう》主義の壁《かべ》

### 宗教的な教養を身につけることの意義

さらに、この話の続きとして述べたいことがあります。

「死」は全員にやってくるので逃《のが》れることはできませんが、今、私が最も困っている問題というのは、やはり「唯物論《ゆいぶつろん》」「無神論」「無仏論」です。神仏はいないと思って、唯物論のほうで学問研究が発達していますし、科学も唯物論に基《もと》づいています。

もちろん、科学では機械等を使うことがほとんどであり、いろいろな金属を使ったり、薬剤《やくざい》を使ったりしていますので、研究自体はそうならざるをえないところがあるかもしれません。

ただ、そうした研究は研究として、仕事は仕事としてあっても、それ以外の土日等のオフの時間、あるいは夜の時間等に、「どういうものに関心を示して教養をつけたり、人生観をつくるか」ということは、人それぞれ違《ちが》うと思うのです。

例えば、自動車会社のトヨタなどのように、ロボットでつくるところが多くなっていますけれども、している仕事自体は唯物論でしょう。車をつくることが仕事だからです。そのため、それだけで一生の何十年かを過ごしたら、やはり、考え方は唯物論的になると思うのです。「車体の高さがどうだ」「ボディの厚さはどうだ」「衝撃《しょうげき》にどれだけ耐《た》えられるか」「ブレーキが利《き》くか」「アクセルは利くか」「タイヤはどうだ」などということばかりを毎日考えて仕事をしているので、考え方は唯物論的になるでしょう。

そのなかでメカに強い人が育つとは思いますが、全員が地獄《じごく》に行かなければならない理由はないわけです。仕事は仕事として、それ以外のところで、土日に宗教的な教養を身につけたり、人生論ものの本を読んだりしていれば、補えるところはありますし、全員が同じになるわけではありません。

ですから、仕事としては、そういうことをしてもよいのですが、それ以外のところで「心の余白」を持って、人間にとって必要なことをしっかりと補っておくことが大事です。

幸福の科学の本にしても、大きな書店のほとんどにコーナーがあって並んでいます。それを先入観で見て、「霊《れい》の話なんてバカバカしい」「宗教なんていうものは弱い人間が行くところだ」「自分のように仕事をちゃんとやっていて、学歴もある人間には関係がない」などと言ってバカにしているような人は、大勢いると思います。伝道されても、「あなたはおかしいのよ。洗脳されているんだよ」というようなことを言う人もいるでしょうが、きっかけはたくさんあったはずなのです。

ただ、それをはねつけたことのなかには、自分の主義・主張、信条もあって、はねつけたところもあると思うのです。

時代が変わったので、それは悲しいところがあります。そういうものを「迷信《めいしん》だ」「詐欺《さぎ》商法だ」「霊感商法だ」などと言うようなマスコミもあって、「遠ざかっておくほうが安全だ」という言い方もあるわけです。実際にそういうものもあるため、難しいことは難しいのです。

例えば、「学校教育だけでは、幸福の科学とオウム真理教の違いも分からない」というのは、そのとおりでしょう。オウム真理教に行くと、眠《ねむ》らせない怪《あや》しげな修《しゅ》行《ぎょう》などがあり、ピョンピョンとカエル跳《と》びをするような、何らかの霊現象が起きたりして、「わあ、これは本物だ」などと思う人もいるわけです。あまり知識がないために、すぐに信じてしまう人もいるので、残念なところはあります。

そういうものもあるため、「触《さわ》らぬ神に祟《たた》りなし」で、宗教から距離《きょり》を取るというのも、分からないことではありません。

ただ、そのような人であっても、せめてオーソドックスな仏教や神道《しんとう》を学ぶなり、キリスト教の『聖書《せいしょ》』を読むなりして、少しでも何か縁《えん》があれば、理解する力が出てくることもあるので、そうしてほしいと思います。

## 説得に骨が折れる「唯物論者《ゆいぶつろんしゃ》の霊《れい》」

今、最も難しい相手であると思うのは、世間《せけん》のトレンドとなり、常識になっている「唯物論《ゆいぶつろん》」「無神論」「科学万能《ばんのう》主義」です。こういうものがいちばんの壁《かべ》になっています。

この世的に見て偉《えら》いと思われている人、他人《ひと》から尊敬されるような人で、「あの世の世界を信じていない」「霊《れい》を信じていない」という人が大勢いて、説得にはなかなか骨が折れるし、ほとんど無理な場合もあります。

この世的に偉くなればなるほど、そうなるのです。「私は唯物論者です。神など信じていません。でも、ノーベル賞を取りました」などというようなタイプの人の場合、説得しても自分が偉いと思っているので、まったくきかないわけです。

それから、解剖《かいぼう》学者で東大医学部名誉《めいよ》教授の養老孟司《ようろうたけし》氏のような人もいます。

この人は、人体を解剖させてもらったりするため、医学生と一緒《いっしょ》に献体《けんたい》をしてもらった人の家に行って焼香《しょうこう》ぐらいは上げて、いちおう手を合わせたりしているようです。ただ、かたちだけはこの世の礼儀作法《れいぎさほう》で行うものの、本当は信じていないのでしょう。

また、養老氏は研究室に髑髏《どくろ》、いわゆる〝生《なま》の頭蓋骨《ずがいこつ》〟をたくさん並べているそうです。昔のポリネシアの人食い人種ではありませんが、頭蓋骨をたくさん並べていても、「ああ、何も怖《こわ》くありませんよ」と言うようです。死んでからあの世があると思っていないからでしょう。このような人もいます。

立花隆《たちばなたかし》氏も、臨死や脳死等についてずいぶんと研究し、発表もしていたので、「この人は分かっているのかな。みんなを導いているのかな」と思っていたのですが、最終的な結論は、「あの世はない。それは妄想《もうそう》で、死ぬ前に脳内モルヒネのようなものが働いて、楽にするために天国の景色を見たり、三途《さんず》の川を見たりするのだ。また、『トンネル体験』などもするのだ。それは、母親の産道から生まれてくるときの体験が甦《よみがえ》ったものだともいわれるし、電気ショックで側頭葉あたりの〝ツボ〟を刺激《しげき》すると、快感を覚えて、お花畑のようなものを見たりすることもある。人間はそういう科学的な存在で、臨死体験はただの妄想なのだ。人間は死ぬ前のモルヒネを体内に準備しているのだ」ということのようです。

ずいぶんと都合《つごう》のよい話ではあるのですが、いったい誰《だれ》が準備したのでしょうか。「生まれてくるときに、すでに死ぬときのことを考えて、死ぬときに苦しまないように天国の景色が見えて、お迎《むか》えが来たような錯覚《さっかく》を起こす仕組みが入っているのだ」という言い方をしています。

もちろん、脳の部分がいろいろなものに関連していることは事実ですが、それはあくまでも〝機械〟であって、〝コンピュータ〟の部分なのです。「そこに接続すれば、こういうものを見る」といったものはありますが、それだけを見て終わりだと思ってはいけないのです。

このような人たちは、亡《な》くなったあとは〝手強《てごわ》い〟でしょう。自分自身も納得《なっとく》しないでしょうが、ほかの人に対しても、そういうことを言い続ける感じがします。

## 社会の富が増えずに、奪《うば》い合いになる「共産主義」

共産主義のマルクスにも、そのようなところはあると思います。マルクスが生きていた一八〇〇年代は貧困《ひんこん》層も多く、産業革命が進んで貧富の差が大きくなっていました。

確かに、工場主《こうじょうしゅ》等の資本家はお金を儲《もう》けていて、労働者は貧しく、搾取《さくしゅ》されているというのは、実態としてはあったと思います。貧しくて学歴もなく、工場でただ機械の代わりに働かされていた人がいて、女性も子供も炭鉱のなかへ降りていき、石炭を掘《ほ》ってレールで運ぶといった炭鉱労働を十二時間もしていたようです。実にかわいそうであり、搾取されている状態はあったと思うので、マルクスはそれを問題として、啓蒙《けいもう》活動として社会に訴《うった》えたりしていたのでしょう。そのようなことが、マスコミ的機能として大事な面もあったのではないでしょうか。

しかし、その解決策として、結局、「無神論的唯物論」に行ってしまいました。

これでいくと、人間は、この世だけの世界になってしまうわけです。

この考え方に敵するものは、「神様や天使たちがこの世に生まれ変わって、王様になったり、身分の高いところに生まれたりする」という考え方や「王権神授説《おうけんしんじゅせつ》」のようなものでしょう。

また、インドなどの「転生輪廻《てんしょうりんね》」が言われているところでも、「前世《ぜんせ》の行いがよかったから、今世はバラモン階級という〝貴族階級〟に生まれたのだ。貧しい人は前世で悪いことをしたから、貧しい階級に生まれたのだ」というように考えられています。そういう身分格差、カースト制を「前世で善行《ぜんこう》を積んだか、悪行《あくぎょう》を積んだかによって、そうなるのだ」というように、「運命論」的に捉《とら》えてしまっている場合もあるわけです。

こういうものに対して、「今世《こんぜ》は今世としての修行があるのだ」と切り離《はな》す意味では、マルクスの考えにもよい面はあったとは思います。しかし、最終的には「共産主義」のようになって、世界の半分ぐらいまで広がってしまいました。

もちろん、本当に人間が平等で、誰からも搾取されることなく、誰もが幸福に暮らせる世界ができれば、それはそれでよいのですが、現実はそうならずに、「ブルジョア」という金持ち階級や王様などを、ギロチンにかけて次々と殺したり、「お金持ちからは金を奪《うば》って、みんなで分けたらいいのだ。山分けすればいいのだ」という感じになっていったのです。

なお、キリスト教のなかにも、一部には、「貧しき者は幸いなり」というようなところもあると思います。宗教には、どうしてもそういうところはあるのですが、結局は「働かなくても食べていける世の中がよいのだ」という考えになっていき、社会の富が増えない状態で奪い合いになってしまうのです。

要するに、最初は、「お金を持っている人、富を持っている人から奪い取って撒《ま》けばいい」ということでいったとしても、富を持っている人は数が少ないため、奪うものがだんだんなくなってくると、自分たちのなかで争いが起き始めるわけです。

あるいは、自分たちより下の階級をつくりたくて、今度は、もっと貧しい国の人たちを侵略《しんりゃく》し、奴隷《どれい》階級にして貢《みつ》がせたり、下級労働をさせたりするようなことも起きていきます。

そういう意味で、共産主義はあまりうまくいっていないように見えます。

## 霊言集《れいげんしゅう》等による「唯物論《ゆいぶつろん》」「無神論」「科学万能《ばんのう》主義」との戦い

そのようなわけで、今、最も困っているのは「唯物論《ゆいぶつろん》」「無神論」「科学万能《ばんのう》主義」のところです。道徳・宗教が衰《おとろ》えて弱くなっているので、ここはいちばん戦わなければならないところなのです。

そのため、私はあえて霊言集《れいげんしゅう》をたくさん出しています。霊言集を出さなくても、自分の考えだけを世に問うたほうが新聞の広告等は載《の》りやすいのです。「言論の自由」ということで、そのほうが載せてもらえるのですけれども、霊言集等になると、「非科学的だ」などと思う人もいて、載せてくれない場合もあるわけです。

特に、生きている人の守護霊《しゅごれい》の霊言の場合には、いろいろと言い訳をつけて載せないようにしているところもあります。

生きている人に対してはマスコミも取材をしているので、霊的に心を読むようなものは、取材法として、マスコミ的には困るところもあるでしょうし、また、遺族からクレームが来たりしたら困るということもあるのでしょう。

残念なことですが、世間を説得するのはなかなか難しいところがあります。

それでも、本が一冊でも読まれるかぎり、説法《せっぽう》を一人でも多くの人に聴《き》いてもらえるかぎり、あるいは、宗教的な使命をしっかりと打ち込《こ》んだ映画を一人でも多くの人に観《み》てもらえるかぎり、「救済の手」は伸《の》びていると思うのです。

# 3　映画、アニメ、マンガ等に潜《ひそ》む地獄《じごく》的な要素

## 世の中には、真っ当な「宗教的な映画」はほんの少ししかない

特に、世の中には、「宗教的な映画」とはいっても、ホラーものの映画は本当にたくさんあるものの、ほとんどホラーものしかない状態に近く、それ以外のものはほんの一部しかありません。真っ当な宗教映画というのは、ほんの少ししかないのです。

例えば、先般《せんぱん》、近年につくられた映画で、次のようなものを観《み》ました。

冬の湖で湖面が凍《こお》っているところでの出来事です。大人が「危ないから行くな。氷が割れたらいけないから行くな」と言っているのに、高校生ぐらいの子供たち三人は走って行ってしまいます。

すると、氷が割れて落ちて、そのうちの一人が湖の底まで沈《しず》んでしまうのです。湖ではなく池ぐらいだったかもしれませんが、水面から三メートルぐらいのところまで沈んだと思います。そのあと消防隊などが来て引き上げたものの、ずいぶん時間がたってしまっていました。

しかし、心停止から一時間近くたった人が、母親の祈《いの》りと仲間たちの祈りが効いて、〝蘇生《そせい》した〟のです。

そのような話を、ベースド・オン・ア・トゥルー・ストーリー（事実に基《もと》づいた話）で映画にしていました。

その解説を読んでも、「大手の映画会社が、神やキリスト、魂《たましい》、蘇《よみがえ》りなど、こういうものに対して〝正攻法《せいこうほう》〟で取り扱《あつか》ったのは初めてだった」というようなことが書いてあったのです。

要するに、「祈りの力」を描《えが》いたようなものは、映画としてはたくさんあるけれども、おそらくマイナーなところがつくっているのでしょう。メジャーなところでは、先ほど述べたような「科学主義」「プラグマティズム（実用主義）」等に押《お》されて、気休めぐらいに思われていることが多かったと思います。キリスト教国であっても、メジャーな映画としては上映されないというのが本当のようです。

それを観て、日本のほうも、信じている人は少ないとは言われつつも、幸福の科学もいろいろとつくっているし、全国で上映できているので、意外に頑張《がんば》っているところもあるのではないかと思ったところがあります。

## 映像技術の発展で難しくなっている「ＵＦＯの証明」

これは戦いです。十九世紀の終わりぐらいから宗教と科学の力が逆転し始めて、今は、「科学的に、実験ができて、検証できるもの以外は信じられない」という感じになっています。

例えば、幽霊《ゆうれい》の証明をしようとしている人が、古い城まで行って、温度計で測ったり、何かが通ったかどうかを見るために赤外線カメラを付けたりして、「本当に霊現象が起きるか」というのを調べたりしていますが、そこまでやったからといって、なかなか信じてもらえるものではないと思います。

NASA《ナサ》などがUFOだと思われる映像を公開したところで、おそらく、これだけでは証明にならないかもしれません。

そういったことは、例えば、朝日新聞等にも書いてあったと思います。今の映像技術からすれば、何でもつくれるからでしょう。クルクルと回転しているもののぐらいなら、いくらでもつくれるので、これだけでは証明にならないということはあるでしょうが、結局、それは、「円盤《えんばん》ごと捕獲《ほかく》して宇宙人を連れ出し、上野《うえの》動物園のような所の檻《おり》のなかに入れて、全員に見えるようにしないかぎりは信用しない」ということだろうと思います。

死体でもつくれます。宇宙ものであれば、ネバネバした恐《おそ》ろしいエイリアンのようなものでもつくれるので、技術はけっこう発展しています。タコのような体を解《かい》剖《ぼう》しているところまで実際につくれるので、なかなか証明はできないわけです。宇宙人としても捕《つか》まって解剖されたくはないでしょう。

幸福の科学でも何年か前からＵＦＯ写真などを撮《と》ってはいますが、どれも遠くを飛んでいて姿が小さいのです。大きく見える場合は、滞在《たいざい》時間がとても短くて、あっという間に消えます。肉眼では見えないのに、写真を撮ってみたら写っているということが多いのです。映画「心霊喫茶《きっさ》『エクストラ』の秘密――The《ザ》 Real《リアル》 Exorcist《エクソシスト》――」にも登場しているスカイフィッシュのようなもので、本当に肉眼では見えませんが、写真で撮ると写っています。「一瞬《いっしゅん》だけは姿が見えることがある」というようなものが多いのです。

おそらく、レーダー等にもあまり長く映りすぎると、飛行機が飛んできたり、いろいろなものが来たりするので、長くは映ることはできないのだろうと思います。そのため、この世に少し姿を現したりしては、また異次元に移動したりしているのではないでしょうか。あるいは、速度が非常に速くて捉《とら》えられないということはあると思います。

そういう意味で、宇宙のほうからも証明したいと思っているけれども、この世がそれほどまだ信用できないところはあるわけです。

もし、例えば宮城《きゅうじょう》前などに円盤が堂々と降りてきたら、自衛隊が出てきて取り囲んでくるのは確実だと思います。警察だけでは足りないでしょう。

したがって、宇宙人であっても、その証明は難しいのです。

## 映画・アニメ・マンガ・小説等のなかには地獄《じごく》と同通するものもある

また、同じように、「幽霊」のところも難しいと思います。

映画「ゴーストバスターズ」のように捕獲できればよいのですが、あんなに簡単には捕獲できないでしょう。残念ながら、それほど簡単にいくものではありません。いちおう、〝科学と幽霊を融合《ゆうごう》させるための作品〟ではあると思いますが。

映画「ゴースト／ニューヨークの幻《まぼろし》」など、多少、ロマンチックな幽霊ものもあることはあります。そういうものもあるので、それは必要でしょうし、地獄《じごく》的なものではないと思いますが、九割以上は地獄的な感じのものが多く、怖《こわ》がらせるためには何でもするようなものがほとんどなので、やや残念です。

ホラーをつくっている人たちは、「自分たちは真実を伝えている」と思っているかもしれませんが、そういうものばかりつくり続けている人は、もしかすると、あの世へ還《かえ》ったらよい所に行けないかもしれないので、こちらも残念です。

霊界《れいかい》に関心を持って伝えてくれているのはありがたいのですが、あまり際《きわ》どいものばかりをつくりすぎると、「霊界の伝道師」にはならずに〝地獄の伝道師〟になってしまって、結局、怖がらせることで人が信じなくなったり、地獄の怖い所と霊的につながってしまったりして、観た人たちがそういうものに同通してしまうような作品になっている場合もあると思います。

したがって、気をつけなければなりません。アニメ等でもそういうところはあるし、マンガでも地獄的なものはあると思うので、気をつけたほうがよいでしょう。

そのようなことは小説でも言えます。

例えば、松本清張《まつもとせいちょう》氏は犯罪ものばかり書き続けていました。一般の人からは偉人《いじん》だと思われていますし、私もそう思っていたところもあります。ただ、殺人ばかり書いていたら、そういう資料を集めていますし、毎日見ていたでしょうから、「殺人現場はどうで、手口はどうで、どのような殺され方をして……」といったことをいろいろと調べていれば、当然ながら、そういうものが寄ってくるはずです。

そのため、数々の名作スリラーをつくってはいるけれども、死んでからあと、よい所へは行っていないのです。

天上界《てんじょうかい》には上がれないかもしれません。天上界に上がろうとするならば、自分のつくった作品群を否定しなければならない感じになるからです。

「あれは名作で、ものすごく売れたのだ！　何百万部も売れたのだ。映画にしたらヒットした。テレビドラマでヒットした」などと思って、自分の成功の原動力となったものを否定するのは楽なことではありません。

また、「多少は犯罪の抑止《よくし》になったのだ。犯罪をしたら、最後はこんな結果になるんだぞ」という言い訳もあるとは思うのですが、残念ながら、「波長同通《はちょうどうつう》の法則」からすると、やはり似てくるところはあるので、そういう鬼《おに》や夜叉《やしゃ》等がいるような所につながりやすいでしょう。

## 4　インスタント化した日本仏教の問題点

### 「反省」や「感謝」をしている人には、奇跡《きせき》が起きることがある

また、宗教においても、正しく修行《しゅぎょう》をしている人が心の曇《くも》りなく教えている場合はよいと思うのですが、例えば、日本の仏教なども鎌倉《かまくら》時代あたりからインスタント化する傾向《けいこう》はそうとう強くなったので、紙一重《かみひとえ》であると言えば紙一重だと思います。

先般《せんぱん》も、おそらく浄土真宗《じょうどしんしゅう》系のところで製作したアニメーション映画「歎異抄《たんにしょう》をひらく」が上映されていました。これは、ベストセラーになった本を映画化したもので、全国三、四十館ぐらいで長く上映していたのではないかと思います。石坂浩《いしざかこう》二氏《じ》が声優をしていました。

ただ、そのアニメ映画自体が駄目《だめ》だとは思いませんが、これで救われるのかどうかということになると、やはり難しいかもしれないという感じはありました。

そこでは、親鸞《しんらん》を描《えが》いているのですが、彼が言った「悪人こそ救われる」ということを『歎異抄』に書いたといわれる「唯円《ゆいえん》」を、「唯円《ゆいねん》」と言っていました。

この『歎異抄』では、哲学《てつがく》が独特です。ここで「善人」と言っているのは「自力で自分を救えるような人」のことです。自分を救えるような人は善人なのだろうけれども、そういうものは関係がなく、親鸞のように、自分は悪人だけれども、どんな悪人も、阿弥陀《あみだ》様は救ってくださるというようなことでしょう。

しかし、これを誤解する人も当然出てきます。「悪人ほど救われるというのなら、悪を犯《おか》したら救われるのか」と思うような人が出てくるのは当然のことですが、アニメでは、「心の悪人」という言い方をし、「心の悪人を阿弥陀様は救ってくれるんだ」というような言い方をしていました。

ただ、これは微妙《びみょう》な言い換《か》えではあります。

「心の悪人」という言い方をしていましたけれども、要するに、自分を反省して、「自分は悪いことをしてきた」というようなことを思っている人を阿弥陀様は救ってくださるという意味なら、そういうところはあると思います。

当会でも、奇跡《きせき》が起きた話などもずいぶんしていますけれども、たいていの場合、自分の人生を反省するもので、対人関係等の反省で奇跡が起きることがあります。憎《にく》んでいた人に対する反省をしたり、感謝をしたりしている人のところに、病気が治るような奇跡が起きたりしています。そのように、「反省」や「感謝」などが入っています。

ところが、いろいろとやっているうちに、人間心でだんだんインスタント化していくわけです。

## 悪人正機説《あくにんしょうきせつ》は、下手《へた》をすればエゴイズムになる

この「悪人正機説《あくにんしょうきせつ》」も難しい哲学が入ってはいるのですけれども、これは、医者

が病気の人を救う場合は、ＩＣＵに入るような重病の人、すぐ死ぬかもしれない人を優先的に診《み》て、軽症《けいしょう》の人は後回しにするというような考えなのです。この軽症の人というのは「善人」に近い人に当たるでしょう。そういう考えもあります。

しかし、最近のコロナウィルスによる肺炎《はいえん》でたくさんの人が死んだ、世界中のパンデミックを見てみると、そうではないようです。

例えば、イタリアでは、運び込《こ》まれてきた人のうち、七十歳《さい》以上の人は後回しにし、若い人のほうを優先して救うというようなことをしていました。それは、まだ余命があって働けるからでしょう。それで、「七十歳以上の人は、治してもどうせ死ぬから」という感じで後回しにされたか、放っておかれたという意見もかなり強くありましたが、それも合理的な考えではあるでしょう。

日本でも、亡《な》くなった人は数百人ですけれども、調べてみると、実際にはほとんどが六十以上の人だと言われています。そして、四十より若い人で、そのコロナウイルスの病気で亡くなった人は数人しかいないとも言われているのです（説法《せっぽう》当時)。

そうであれば、小学校、中学校、高校、大学のすべてを休校にして、テレビ配信のような授業にしたり、あるいは九月入学制に変えるなどと議論したりしているのは、あまり科学的ではないような気がするのです。

「年を取っている人が死にやすく、若い人はほとんど死なない」というのであれば、それはある程度の抵抗力《ていこうりょく》があれば死なないということでしょう。

イタリアのような対応をし、「病気に罹《かか》ったの? どうせ死ぬからいいんじゃない? 年金もカットできるし……」などと思えば、財政赤字の解消と一体になるので放っておけばよいという考えもあるかもしれません。

ですから、「悪人だから救うか救わないか」というのを、病人のたとえでもってするのが妥当《だとう》かどうかは、若干《じゃっかん》難しいところがあります。

これは、下手《へた》をすれば、エゴイズムになってしまうと思うのです。「自分は悪人だからこそ、救われるんだ」などと言っているのは、下手をすれば、エゴイズムになる可能性もあります。

## 宗教は広げようとするなかで、安易化していくことがある

また、「悪人こそ救われる」という「悪人正機説」自体は、親鸞のオリジナル思想ではなく、法然《ほうねん》の時代から言われていたともいいます。これは浄土宗です。法然は浄土宗で、親鸞はその弟子《でし》だったのですが、今は浄土真宗といわれています。ただ、法然の言葉のなかにもそうしたものは遺《のこ》ってはいるのです。

これは、比叡山《ひえいざん》の教えなどもけっこう難しかったために、「難しいことは分からないだろうから」ということで、そこまで修行しなければいけないということを捨ててしまった人たちです。

また、「百万遍《ひゃくまんべん》」などという言葉があるように、ただ「南無阿弥陀仏《なむあみだぶつ》」と百万回も称《とな》えれば救われるというものから、十回称えれば救われるという考えになり、一回でも称えたら救われるという考えになって、一回称えれば救われるというよりも、

「南無阿弥陀仏」という念仏《ねんぶつ》を称えようという心を起こし、発心《ほっしん》したときには、もう救われているのだというところまで行くわけです。ここまで来てしまうのですから、すごいものです。

それは、現代のインスタント文化の先取りをしているということです。これでよいのであれば、少々行きすぎている面もあるでしょう。「幸福の科学では人が救われるというから、幸福の科学に入ろうかな」と思った瞬間《しゅんかん》に、もう救われているというようなことになるわけです。

最初は、「入会願書を書いて、三帰誓願《さんきせいがん》をしたら救われる」というあたりだったのでしょうが、そのうちに、「願書をもらっただけでも救われる」となり、次は、「入ろうと思っただけで救われる」などというところまで行くことになるのでしょう。仕事上は、そのようになっていくのかもしれません。

キリスト教も同じようなところはあって、キリスト教会に所属するだけで救われるような言い方をするのです。しかし、これで反発する人が大勢出てきたので、新教、プロテスタントのように、教会に属さなくても『聖書《せいしょ》』を読んで学べばよいというものも出てきました。当時の『聖書』はラテン語だったため、聖職者しか読めなかったのですが、その国の言葉で訳したら家庭でも読めるので、自分で『聖書』等を読み、直接イエスの教えを知り、その行動を見習えばよいということです。ルターが『聖書』のドイツ語訳などをしたのは、そういうことだったわけです。

ところが、当時のバチカンは、それを異端《いたん》だと言っていたのです。それは、聖職者の独占行為《どくせんこうい》を取られるようなことだったからです。

これは、ある意味では、「病気は医者にしか治せない」というのと同じだと思います。

こういうことで、宗教は広げようとすると安易化してしまうこともあるので、難しいところがあるのです。

## 地獄《じごく》に堕《お》ちたあとの救いの教えがない「念仏地獄《ねんぶつ》」

以前、調べたこととして、「念仏地獄《ねんぶつじごく》」というものもあるということを知っています。

「念仏をしていたけれども、地獄へ堕《お》ちてしまった。しかし、『南無阿弥陀仏』とだけ称えていればそれでいいと教わっていたので、地獄でみんなで集まって『南無阿弥陀仏』と称えているけれども、救われない」ということで、そのあとがないわけです。その後、何をしたらよいかということがないので、「南無阿弥陀仏」ばかりを称えていて救われない人たちがいるのです。

こうした人たちに教えを説くのは大変なのです。あの世のお坊《ぼう》さんたちも、「『南無阿弥陀仏』だけでは駄目なのですよ。自分の生き方をきちんと反省しなさい。他《ひ》人《と》との関係がどうだったのかを反省しなさい。仏教の根本《こんぽん》に戻《もど》って反省しなさい」というような教えを説きに行くのですが、彼らはなかなか聞き入れないわけです。

そのため、救われずに長く地獄をつくっているところもあります。

また、日蓮宗《にちれんしゅう》も似たところはあります。ここは念仏宗がライバルだったので、競争上、とにかく、「南無妙法蓮華経《なむみょうほうれんげきょう》」を唱えているのですが、この「南無妙法蓮華経」の「妙法蓮華経」というのは「とてもありがたいお経」、「南無」は「帰依《きえ》する」という意味ですから、「とてもありがたいお経に帰依します」と繰《く》り返し唱えているだけなのです。

それだけで救われるのかと言われると、『法華経《ほけきょう》』に功徳《くどく》があるといっても、ちょっとどうなんでしょうかということがないわけではないのですが、それだけを唱えている人もいます。それでも信心《しんじん》の道の入り口にはなるので、ないよりはましですけれども、残念ながら地獄へ行ってしまった場合は、これをもう少しバラバラに分解して、きちんと言わなければいけないのです。「蓮華の花が咲《さ》いたような美しいお経は尊いから、それに帰依します」と唱えているだけでは駄目で、やはりお経の中身の何を信じているのかというところが必要なのです。

やはり、信じているのは仏陀《ぶっだ》でしょうし、「仏陀を信じています」というのであれば、「仏陀の何を信じているのですか」ということです。

## 仏の子の自覚を持ち、「他の人に対して何をしたか」を考えよ

『法華経』に関して言えば、『法華経』はそうとう一般民衆を相手にしていたものだろうとは思うので、たとえが多いのですけれども、ほとんどのたとえ話が、「いかに『法華経』が素晴《すば》らしいか」ということばかりを書いているものなので、これだけでは救われないのです。

救われるとしたら、「仏子《ぶっし》に仏性《ぶっしょう》あり」というところでしょうか。「人はみな仏性があるのだ。要するに、救われる、あるいは悟《さと》れる可能性があるのだ」というようなことを『法華経』では説かれています。この部分が他のお経よりも優《すぐ》れていると言われている部分の一つなのです。

もう一つは、その後半に出てくる「久遠実成《くおんじつじょう》の仏陀」というところです。これは、

当会で言う「永遠の仏陀」の部分です。

それに対して、「人間・仏陀」、「人間・釈迦《しゃか》」というものは、戦後もずいぶん流行《はや》りました。これは、「釈迦は、最期《さいご》に食中毒で死んだ」というような釈迦伝だけで、「釈迦も人間だ」という考えです。

また、タイやほかの小乗仏教《しょうじょう》のところでは、「釈迦は、死後、涅槃《ねはん》に入《い》った」ということを、「もう魂《たましい》は消滅《しょうめつ》してなくなったんだ」というように信じている人も大勢います。

しかし、「悟るとすべて消滅する」というのでは、たまったものではありません。悟ったら、ブラックホールに入って、もう二度と帰ってこないのであれば、地上に助けに来ることもできないわけです。肉体を持つこともできないし、魂として地上に助けに来ることもできないわけで、それが、本当に釈迦の悟りなのでしょうか。

そこには、釈迦の修行時代の気持ちの一部が入っているとは思います。お城を捨てて山林で修行していたときの気持ちが入っているとは思うのですが、それは、おそらく仏陀の本願《ほんがん》ではないでしょう。

このあたりのところが、いつの間にか悪魔《あくま》に利用される思想に変わっているところもあるのではないかと思うのです。

悟った人がどんどん〝消滅〟してくれたら、それは、悪魔にとっては都合《つごう》のよいことです。悟っていない人しか残らないということであれば、そうでしょう。

そうであれば、おそらく、神や仏、天使や菩薩《ぼさつ》たちの救済ということもないということになってしまうので、悪魔に都合のよい教えになります。

もっとも、釈尊《しゃくそん》の言葉のなかには、一部、そう誤解されるようなものもあるのです。「この世は悪魔の縄張《なわば》りだ。悪魔が、柱を建てたり、梁《はり》をつくったり、屋根をつくったりしたような悪魔の住処《すみか》だ」というようなことを言っている部分もあることはあるのですけれども、やはり、そこだけを取り出して言ってはいけないでしょう。

釈尊は、ほかの部分では霊的《れいてき》な話も数多くしていますし、この世の人を悟らせ、阿羅漢《あらかん》の状態に持っていくことあたりを第一目標にしていた方であり、大乗《だいじょう》の時代になったら、利他《りた》の教えがそうとう強くなってきたのです。

ですから、『法華経』であろうが『浄土経』であろうが、やはり、自己中心的になってしまってはいけないわけです。「人はみな、仏の子としての自覚を持つことができ、他を救うことができるのだ。だから、他の人に対して何をしたかということを考えなさい。あなたにはそういうことができたのではないですか」ということを教えなければいけないということです。

## 5　釈尊《しゃくそん》の教えの正しい解釈《かいしゃく》とは

「人間は生まれによってではなく、行いによって尊い」とする釈尊の教え

当会でも転生輪廻《てんしょうりんね》の思想はよく出てきますが、それは、インドのカースト制のようなものを合理化するための教えではありません。

戦後のインドに起きたアンベードカルの新仏教なども、そのようなところがあります。

アウトカースト、要するに、種姓《しゅしょう》が「バラモン」、「クシャトリヤ」、「ヴァイシヤ」、「シュードラ」の下にもまだ「アンタッチャブル」とされる不可触賤民《ふかしょくせんみん》がいるわけですけれども、仏教は、そうした下層階級のほうにまで広がったということになっています。これは、釈尊《しゃくそん》が出家《しゅっけ》教団をつくったときに、法臘《ほうろう》といって、出家の

順番で、出家後の修行《しゅぎょう》の長さで先輩《せんぱい》・後輩を決めていて、この世でのカーストが何であったかとか、職業が何であったかといったことは無視してやったわけです。

それに対しては、当時も異論はたくさんありました。「下の階級の者のほうが、自分より先輩とか先生になったりするのは許せない」というような意見も数多くあったのですが、釈尊はそれを無視したわけです。

「人間は生まれによって尊いのではない。行いによって尊いのだ。だから、その人がバラモン、要するに僧侶《そうりょ》階級の人間であるかどうかは、その行いによって決まるのだ。バラモンが行《おこな》っているようなこと、要するに、修行、あるいは真理を学び、勉強して、それを実践《じっせん》し、救済行《ぎょう》をしているような人は、自《おの》ずからバラモンなのだ」ということです。

つまり、その人の行っていることを見るということです。商売をやっている、励《はげ》んでいるという人であれば、それはヴァイシヤ、商人階級だということです。そのように、行いによって決まるというようなことを釈尊は説いていたのです。

それから見ると、そのバラモン教というか、今のヒンドゥー教になったものにも転生輪廻の思想はありますが、「現在の心境は、前回のものがそのまま現れている」という言い方をするのです。

仏教は、それを破る力をいちおう持っているのですが、釈尊も、王子として生まれたことが伝道の武器になったところはそうとうあるので、そうしたことを完全に否定しているわけではないと思います。

ただ、今、インドでは、仏教は、不可触賤民の階級の人たちが自分たちを解放しようとする運動に使われていっています。そういう人が何百万人かはいます。これは、全体で十数億人ものインドの人口から見ると一部であり、『ヴェーダ』に基《もと》づくバラモンの教えを継《つ》いでいるヒンドゥー教徒が多数なのです。

ヒンドゥー教は多神教で、さまざまな時代に起きた宗教やいろいろな動物信仰《しんこう》、アニミズムを含《ふく》めた、〝ごった煮《に》〟のような宗教です。ただ、現世利益《げんせりやく》が強く、この世を肯定《こうてい》する思想がそうとう強いのです。「産めよ、殖《ふ》やせよ、地に満てよ」というように、日本神道《しんとう》によく似たところがある宗教ですので、現実にはこちらのほうが勝っているところもあると思います。

## 執着《しゅうちゃく》を断《た》つことを教え、この世なりの生き方も肯定《こうてい》している仏教

仏教の教えには、この世の執着《しゅうちゃく》を断《た》つように勧《すす》める教えが極《きわ》めて強く入っていますす。これは、釈尊が「死後どうなるか」ということをよく知っていたということでしょう。

この世では、この世なりの生き方があるとは思うのです。唯物論《ゆいぶつろん》が問題だといっても、これをすべて否定することはできません。この世で生きている以上、家も必要ですし、食べ物も必要です。学校も必要ですし、風邪《かぜ》薬があれば風邪が治ることもあるので、すべてを否定しているわけではありません。お金がなかったら、泥棒《どろぼう》をしたり、強盗《ごうとう》をしたりする人も出てくるので、やはり、正規の職業に就《つ》き、正しく働いて収入を得ることで、家庭を営《いとな》むのは大事なことです。

釈尊も、在家《ざいけ》の人に対しては、そういう教えをきちんと説いています。これでいくと、お金がなくて犯《おか》罪を犯すようなことを必ずしも肯定《こうてい》しているわけではないと思いますし、「物質を否定して、あの世に行けばよい」というような教えでもなかったことは間違《まちが》いありません。

以前にも述べたことはありますが、東北のミイラ展のようなものがあったとき、生きたまま棺桶《かんおけ》のなかに入ってお経《きょう》を唱えながら断食《だんじき》して死んでいったお坊《ぼう》さんの、カラカラになったミイラをデパートかどこかでガラスケースに入れて展示していたら、その前を通った人に取り憑《つ》いたという話があります。取り憑かれた人は、痩《や》せた細い人だったようですが、突如《とつじょ》、牛丼《ぎゅうどん》だかカツ丼だか知りませんけれども、そういう丼物《どんぶりもの》を十杯二十杯《ぱい》とガツガツ食べ始めたなどということがあったようです。

おそらく餓鬼霊《がきれい》に取り憑かれたのでしょうが、その餓鬼霊になっているのは、どう見ても、生き仏《ぼとけ》になろうとして、断食修行で棺桶のなかに入っていた僧侶だろうと思うのです。

東北のほうには、いまだに生き仏の信仰が多少あるのです。この世で普通《ふつう》に死ぬよりは、最期《さいご》はそのように断食して死んだほうが仏陀《ぶつだ》になったような気がするのでしょう。

しかし、実際は、腹が減ってもがいているため、死んだら、人に取り憑き、取り憑かれた人は、喉《のど》が渇《かわ》いて水をガブガブ飲んだり、食べ物をたくさん食べたりするのです。

## 釈尊《しゃくそん》は断食行《だんじきぎょう》をやめて中道《ちゅうどう》に入《い》り、「智慧《ちえ》の立場」に立つことに目覚めた

私は『漏尽通力《ろじんつうりき》』という本を出しています。

『漏尽通力』（幸福の科学出版刊）

仏教学の辞典によれば、この「漏尽通力」の「漏《ろ》」というのは「煩悩《ぼんのう》」ということです。煩悩が残っている状態の「有漏《うろ》」と、煩悩を滅尽《めつじん》してなくなった状態の「無漏《むろ》」があり、仏教の修行は、煩悩のある状態から煩悩のない状態、

無漏を目指すということになっています。

煩悩を滅尽した境地が漏尽であり、「漏尽通」あるいは「漏尽明《みょう》」の状態だというような言い方もするのですが、現実には、それは違っていると私は思っています。

釈尊《しゃくそん》は菩提樹下《ぼだいじゅげ》で悟《さと》ったときに「三明《さんみょう》を得た」と言っています。そのなかに「漏尽通」というものが入っているのです。

では、煩悩を滅尽したのかといったら、逆であり、釈尊は、菩提樹下で悟りを開いたあと、スジャーターという村娘《むらむすめ》に牛乳粥《がゆ》を供養《くよう》してもらい、それを食べました。それを見て、当時、一緒《いっしょ》に山林修行をしていた五人の修行者たちは「あいつは堕落《だらく》した。断食《だんじき》していたのに堕落したんだ」ということで、釈尊を見限って捨てて、鹿《ろく》野苑《やおん》のほうに行ってしまったわけです。その後、釈尊は、彼らを追いかけていき、諭《さと》すことになるわけです。

そのように、釈尊は、悟りを開いた直後に乳粥を食べています。ミルク粥というのは、ミルクでお米を煮たものですが、これをお椀《わん》にもらって食べているのです。

それで力が出て、光が出てくるのを感じたということです。

この断食というのは伝統的なヨガの修行だったので、修行者はみなやっていました。それで霊体験をすることもありますし、この世の執着を断つための修行としてはいろいろなところで行われています。イスラム教にもあります。

そういうものもあるにはあるのですが、ただ、それだけが目的なのであれば、最後は自殺するしかないでしょう。死ぬしかありません。

釈尊は、その断食行《ぎょう》をやめて「中道《ちゅうどう》に入《い》る」ことに目覚めたわけです。中道に入り、智慧《ちえ》の立場に立たなければいけないということを知りました。

要するに、心と肉体とは連動しているものであるので、心と肉体を調和させ、自分をコントロールしなければいけないのです。そして、自分の心と肉体を調和させるなかに平安が広がり、他人《たにん》との調和も目指していかなければいけないということです。

ですから、そういう修行はしているのですけれども、あくまでも、人間として、周りの人と同じように普通に生きていながら、そのなかで限りなく悟りを求める境地を深めていくという立場を取ったというように考えられるわけです。

そのように、私の『漏尽通力』（前掲《ぜんけい》）という本のなかでは、仏教学で説かれているものとは違う解釈《かいしゃく》をしています。

煩悩を滅尽したということが「漏尽通」だと言うなら、釈尊は、菩提樹下で修行し、その後、五穀を断ち、そこで死んでしまわなければいけないことになります。そうであれば、魂《たましい》が抜《ぬ》ければよいわけです。

しかし、そうした考えは仏教の考えではなく、ジャイナ教の考えなのです。ジャイナ教は、「断食して死ねば聖者になれる」という考えを持っています。仏教とは姉妹宗教のように言われることもありますが、ジャイナ教はそういう考えです。また、物を持たないことも勧めているので、白衣派《びゃくえ》のような人たちでも、白い布一枚を腰《こし》に巻いているだけです。ガンジーもそうです。彼はジャイナ教徒ですけれども、腰に布を巻いているだけで、糸車を回したりしています。

そのように、物を持たず、断食をするというのがジャイナ教なのですけれども、そちらのほうになってしまい、仏教ではありません。

## 仏教は、この世のものをすべて否定しているわけではない

仏教では衣《ころも》を着ていますし、釈尊も、晩年、在家の信者に招かれ、弟子《でし》を二百人ぐらい連れていき、ご飯《はん》をご馳走《ちそう》になり、その後、説法《せっぽう》するというシーンが出てきます。

私は、実際問題、ご飯を食べたあとに説法するというのは、けっこうきついだろうと思うのですが、それは、お駄賃《だちん》だったのでしょう。やはり、させられてはいると思います。説法してほしいから、ご飯を出すということです。

以前、私も、インドやネパールに行ったことがあります。

ホテルで講演会をしたりすると、私の説法を聴《き》いた人たちはみな、ビュッフェ形式でホテルのご飯が食べられるので、大勢来ているようなところがありました。ネ

パールでもそうでした。そのように、法話《ほうわ》を聴かせるほうがご飯を出さなければいけなくなっていたのですが、「あれ？　ちょっと違うんだけどな」と思ったのです。タイでもそうだというように言われているので、ご飯が付いてくる所は多いようです。

人を寄せるにはそのほうがよいのでしょうし、宗教の救済行として炊《た》き出し等もあるので、そうしたものと同じように思われたのかもしれないと思うところもあるのですが、これは、若干《じゃっかん》違うのではないでしょうか。ご飯を出してもらうのは、こちらのほうでなければいけないわけです。

しかし、実際には逆に、聴いた人のほうにご飯を出していたようです。こういうことは、当会の国際本部もやっているはずです。こちらの持ち出しで、聴いているほうにご飯を出しているわけです。説法を聴いてもらうためにご飯を出しているので、お金が要《い》って、おそらく〝ＯＤＡ型〟になっていると思うのですが、本来は、説法する側とその弟子たちにご飯を振る舞《ふま》い、そのお礼に、仏陀が説法をするというのが基本だったと思います。

こうしたことから見ても、仏教は、断食し、肉体を捨て、魂になればよいという教えでなかったことは明らかです。

肉体がある以上、煩悩はゼロにはなりません。必ずあります。喉は渇くし、食べ物は食べたくなります。

ちなみに、今は、新型コロナウィルスの流行で、〝巣ごもり〟をし、自宅からあまり出ないように言われ、港区《みなと》あたりでは、「不要不急《ふようふきゅう》の方は外出をお控《ひか》えください」というような放送をしています（説法当時）。しかし、人々は、このままではもう死んでしまうということで、そろそろ仕事を始めようとしているところです。役所仕事としてはそれでよいのかもしれませんが、商売をしている人、店をやっている人たちは、飢《う》え死にする時期が近づいているので、働かざるをえないようになっています。

ですから、仏教においても、やはり、そうしたものをすべて否定しているわけではないということです。

# 6　地獄《じごく》に堕《お》ちる原因となる「物質への執着《しゅうちゃく》」や「思想の間違《まちが》い」

## 物質はこの世のものと心得《こころえ》よ

そのようなわけで、「地獄《じごく》に堕《お》ちた場合の心得《こころえ》」として知っておかなければならないことは幾《いく》つかあります。

本当は、地獄でも、ものを食べている人はいます。

今、マンガやアニメで「鬼滅《きめつ》の刃《やいば》」というものが流行《はや》っていますが、それには鬼《おに》が出てきます。

鬼というのは何かというと、基本的に、人殺しばかりするような人、連続殺人をするような人、それから、人肉を食べたりするような人のことです。基本的には、人さらい、人殺し、人を食べる、こういうことをするのが鬼なのです。

こういうものが流行っていますが、これは、鬼の世界につながってしまうので、ちょっと怖《こわ》いなと、私も思ってはいるのです。

ですから、「食べないと生きていけない」と思っている人は、地獄へ行っても、鬼になって、来た人間を捕《と》らえて食べてしまうようなことはあります。

ホラー映画等にも、人肉を食《く》らうようなものはたくさんあると思いますが、そういうものを表現しているのでしょう。

それから、天国と言えるかどうかは知りませんが、地上界に近い欲界《よくかい》の世界では、まだ、食べ物を食べないといられない人たちもいることはいるのです。食欲などがある場合もありますが、本当は、栄養を摂《と》らなければ生きていけないわけではなく、生きていたときの習慣が残っていて、気分だけはそういうこともやっているということです。

ただ、そういう世界では食べてもすぐ消えてしまうのです。例えば、店屋で売っているものを買って帰り、料理して食べたつもりでいても、買ってきたものが、また、その店屋に戻《もど》っているというようなことは、現実に起きているようです。
また、こうしたことは、かなり上段階まで行っても多少はあるようです。
例えば、以前、「カントの霊言《れいげん》」を録《と》ったときに、「コーヒーを飲んでいる」など
と言っていたので、「ああ、如来界《にょらいかい》でも、まだコーヒーは飲むのか」と思ったこと
があります。そういうのはたしなみでしょう。生きていたときのカントは紅茶党だ
ったと思うのですけれども、紅茶党がコーヒーを飲んだりするのは、「気分」もあ
るのでしょう。そういうものを味わうこともあるのだろうとは思います。
物質は、あくまでもこの世のものですが、死んでもまだそれに執着《しゅうちゃく》している者も
います。それがだんだん薄《うす》れていった者は、高い霊域《れいいき》に行くことが多いということ
です。

## 焼き場で焼かれても、あの世で服は着ている

着る物についても、あの世でも、やはり着ているのです。

「焼き場で焼かれたらどうなるのか。服を焼かれたら、着る物はないのではないか」と思うかもしれませんが、あの世に還《かえ》った場合、何かは着ているのです。

ですから、幽霊《ゆうれい》になって出る場合は、その人が生前よく着ていたような服で出てくることもありますけれども、そうでない場合には、病院の上《うわ》っ張《ぱ》りに似た、青色や白色や黄色の貫頭衣《かんとうい》のようなものを着たり、一枚布のようなものを着たりしていることが多いようです。死んでしばらくの精霊界《せいれいかい》あたりにいる人たちは、そういう貫頭衣風の服を着ています。

ですから、裸《はだか》では歩いていないのです。イチジクの葉っぱをつけて歩いているような人は見たことがなく、何かは着ています。

また、そういうことに関心のある人は、だんだん、自分に合ったものを着たりするようになることもあります。「念《おも》い」によってつくれるということを、だんだん学んでいくので、つくる人も出てくるとは思います。

いずれにせよ、とりあえず、何かは着ていますが、わりに簡単なものしか着せら

れていないことが多いので、墓場《はかば》で見た幽霊のようなものには、白い幽霊を見ると
いったことが多いのです。一枚布のものをとりあえず着せられていることが多いの
で、そういうものが出やすいということなのではないかと思います。

## 思想的に間違《まちが》った罪は重いと知れ

「地獄に堕ちた場合の心得」は、まだまだ無限に説くことがあります。これも、
ある意味では、宗教の教えの反対側から言った教えだと思うのです。
なかでも、間違《まちが》った思想を持った場合は大変です。
先ほども、「宗教的に心得違いをしている者は救えない」と述べましたが、この
「思想的な間違い」というのは、意外に重いものなのです。
例えば、マルクスのことについて触《ふ》れましたが、マルクス、レーニン、スターリ
ン、毛沢東《もうたくとう》、鄧小平《とうしょうへい》などはみな、死後、地獄に堕ちています。思想的な間違いがど
れほど大きいか、分かると思います。要するに、多くの人を間違った方向に誘《いざな》って

しまうため、影響《えいきょう》が大きいのです。

ですから、物書きなども尊敬はされますが、間違ったら大変だということです。

哲学者《てつがくしゃ》にも、間違いを起こしている人は大勢いると思います。

中村元《なかむらはじめ》などは、仏教哲学といって仏教を解釈《かいしゃく》していますが、仏教哲学と言いたがるだけあって、仏教を抽象《ちゅうしょう》的なものにしたがるのです。

釈尊《しゃくそん》のことを「人間・釈迦《しゃか》」にしたがります。ただの人間にしたがるわけです。そして、神秘的なものはすべて取り去りたくなって、仏伝《ぶつでん》も、この世的な人間がやっているような感じで、みな訳していくわけです。

そのため、犯罪等はしていない人でしたけれども、天国へ上がれず、無間《むけん》地獄に堕ちています。それを見たら、これも罪だということが分かります。仏教から神秘性を取り去り、「法力《ほうりき》」や「仏の力」といったものを否定し、すべて、普通《ふつう》の人間がやるようなものに書き下ろしてしまったわけです。

そのようになったのは、宇井伯寿《ういはくじゅ》という先生がそう言ったということもあるのでしょう。彼は、あの世の話などは、民度の後《おく》れた教養のない人たちに対するたとえ話であって、戯言《ざれごと》で、方便《ほうべん》でやっているだけだと考え、実証的、学問的、科学的にやったものだけが本物の仏教だというようなことを言っていました。

これは、自分の器《うつわ》に合わせて仏陀《ぶっだ》を測ろうとしているだけでしょう。自分の器はそうだから、そのように測ろうとしているだけで、間違っているということです。

「神秘力」「法力《ほうりき》」「救済力」を取り去ったら仏教ではない

仏教から、「神秘力」、「法力《ほうりき》」、あるいは「救済力」のようなものを取り去ったら、仏教ではないのです。

中村元は全集も書きましたが、それよりも、全集は書けず、貧しく、病気をして亡《な》くなった渡辺照宏《わたなべしょうこう》先生が書いている仏陀のほうが本物なのです。渡辺照宏先生は、仏陀のことを、やはり、しっかりとした威神力《いじんりき》を持ち、神秘力を持っていて救える人だと書いてあります。

中村元のように、仏典《ぶってん》を「××さん、最近はどうですか」「はい、××です。最近は、地獄へ行く人は少ないかもしれません」「最近は犯罪が減っています」「コロナウィルスはどうですか」「はい。医療《いりょう》の準備が進んでおります」というような普通の会話のように翻訳《ほんやく》したら罰当《ばちあ》たりであり、もはや〝地獄行き〟だということなのです。

渡辺照宏先生は、仏教の経典《きょうてん》の、インドのものや中国訳等を日本語に訳すときも、お経に法力があったように、そういう威神力が残るような訳し方をきちんとしています。

また、中村元の本に対しては、カタカナで「ブッダ」と書いてあるのを、「佛陀《ぶっだ》であって、〝ブッダ〟ではないんだ」と、だいぶ攻撃《こうげき》したのです。しかし、その後、手塚治虫《てづかおさむ》の『ブッダ』のようになり、だんだんに『聖《セイント》☆おにいさん』のようなところまで行ってしまいました。渡辺照宏先生は、「違うんだ。佛陀なんだ。佛《ほとけ》というのは『人間に非《あら》ず』ということなので、それが『佛《ぶつ》』なのだ」ということを言っていたわけです。そういう宗教的な意味合いを込《こ》めたお経の訳し方がきちんとできなかったら、間違っているという考え方です。そういうことを言っていました。

また、「仏陀には神秘力、そうした法力はなかった」と言うような人もいますが、そんなことはありません。

伝染病が流行ったときに、仏陀が、「呪文《じゅもん》を唱えて、この水をこう撒《ま》くとよい」と言ったので、そのとおりにしたら、ペストのようなものが収まったという話も、きちんと仏典には書いてあるので、こういうものはそのとおりに捉《とら》えるべきだという考え方です。

そういう疫病《えきびょう》を収める力も仏陀にはあったということです。

疫病を収めることができるものとしては、アマビエなどという、そんな半人半魚のようなものの絵を見ただけで疫病が抑《おさ》えられる、というような迷信《めいしん》もあります。

先日、千眼美子《せんげんよしこ》さんの番組で、「アマビエは迷信ではなく実在する」とも言っていましたが、実在するからといって、効いたかどうかは知りません。効いたかもしれません。

また、栃木県宇都宮市《とちぎけんうつのみや》の伝説によれば、疫病が流行ったときに、ある日、川で黄色い鮒《ふな》が釣《つ》れたので、お父さんがそれを料理して子供に食べさせたら、疫病が治ったという「黄鮒伝説《きぶな》」というものがあり、黄色い鮒の最中《もなか》のようなお菓子《かし》も売っています。私は食べたことがないのでよくは知りませんが、今は多少売れているようです。

アマビエは〝アマエビ〟とよく間違われるようですが、神頼《かみだの》み、仏頼みまで行かずに、アマビエや黄鮒などというものが流行ったりしているぐらいですが、もうひと飛びして、きちんとした信仰《しんこう》まで来たほうがよいのではないかと思います。

そういうことで、人の「考え方」というものには力があるので、その方向性を間違った場合には、〝上〟に行くか〝下〟に行くかが逆になることもあるので、注意してください。

## 仏法真理《ぶっぽうしんり》を学んで信仰《しんこう》を持てば、地獄《じごく》に堕《お》ちても救いは必ず来る

幸福の科学も、「心霊喫茶《きっさ》『エクストラ』の秘密――The《ザ》 Real《リアル》 Exorcist《エクソシスト》――」のようなホラーがかった映画も一部つくってはいますが、ホラーの世界は地獄《じごく》が多いので、「悟《さと》りや教学なども関係があり、あるいは実際の修法《しゅうほう》も少し絡《から》みのあるようなもの」も出さなければ、このままでは間違ってしまうと思い、こちらのほうから教えを少しでも伝えたくて製作しているところもあります。

「あの世がある」と信じている人には、できれば、この世を真っ当に、正当に生きてくれることを望んでいます。

そういう意味で、きちんと霊界《れいかい》知識も持ち、仏法真理《ぶっぽうしんり》も学んだような、信仰《しんこう》を持っている人があの世へ行った場合、万一《まんいつ》、何かが原因で地獄へ行ったとしても、最後には、救いは必ず来るはずです。一定の反省をすれば、救いの霊として、坊《ぼう》さんや牧師《ぼくし》さんなど、いろいろな方が来て諭《さと》してくれるでしょう。

ですから、生きている間に、やはり、それを聞き入れるだけの器というか、余地をつくっておくことは大事なのではないかと思います。

「地獄に堕《お》ちた場合の心得」として、いろいろなことについて述べました。これでは終わりませんが、そうしたことを知っておいてくだされば幸いです。

映画「心霊喫茶『エクストラ』の秘密――The Real Exorcist――」を観《み》たあと、もう少し違うものも観てみたいと思う人は、こういう話でさらに勉強を深めていただければ幸いです。

「霊言現象《れいげんげんしょう》」とは、あの世の霊存在の言葉を語り下ろす現象のことをいう。これは高度な悟《さと》りを開いた者に特有のものであり、「霊媒現象《れいばいげんしょう》」（トランス状態になって意識を失い、霊が一方的にしゃべる現象）とは異なる。

なお、「霊言」は、あくまでも霊人《れいじん》の意見であり、幸福の科学グループとしての見解と矛盾《むじゅん》する内容を含《ふく》む場合がある点、付記しておきたい。

# 〈付録①〉中《なか》村《むら》元《はじめ》の霊《れい》言《げん》

二〇二〇年五月十九日　収録

幸福の科学　特別説法堂《せっぽうどう》にて

中村元《なかむらはじめ》（一九一二〜一九九九）

東京大学名誉《めいよ》教授。東京帝国《ていこく》大学文学部印度《いんど》哲学《てつがく》梵文《ぼんぶん》学科卒。文学博士。インド哲学、仏教学、比較《ひかく》思想学の世界的権威《けんい》として、『佛教語《ぶっきょうご》大辞典』の編纂《へんさん》をはじめ、『東洋人の思惟《しい》方法』『インド思想史』等、多数の著作や論文を発表。晩年には『中村元選集』〔決定版〕全40巻が完結した。また、東洋思想研究の進展および後進の研究者育成を期して財団法人東方《とうほう》研究会、東方学院を創立。没後《ぼつご》、二〇一二年には生誕百周年を記念し、郷里・島根県松江《まつえ》市に中村元記念館が開館した。

〔質問者二名は、それぞれA・Bと表記〕

〈霊言《れいげん》収録の背景〉

本霊言は、本編「地獄《じごく》に堕《お》ちた場合の心得《こころえ》」の収録後、同日の夕方に中村元の霊が来て収録されたものである。

## 1　腹を立てて現れた中村元《なかむらはじめ》

### 地獄《じごく》まで聞こえてきた法話《ほうわ》に反応して現れた中村元の霊《れい》

（編集注。背景に、大川隆法総裁の法話《ほうわ》「病気を治す心構え」がかかっている）

質問者Ａ　誰《だれ》ですか。

中村元　中村元《なかむらはじめ》です。

質問者Ａ　今日、御《ご》法話で名前が出たからですか（本書「地獄《じごく》に堕《お》ちた場合の心《こころ》得《え》」参照）。

中村元　二回連続で言いましたね。この前も言われた。

質問者A　この前も言われていたでしょうか？

中村元　本が売れなくなるんですけどねえ。

質問者B　訳《やく》が悪いという話ですか。

質問者A　総裁先生が御法話をして、そのなかで自分のことを言われたら、地獄まで聞こえてくるんですか。

中村元　分かるよ。

質問者Ａ　そうですか。

中村元　私の仏教学を否定されているんだから。

質問者Ａ　でも、あなたは地獄にいるんでしょう?

中村元　だけど、それが今、日本の仏教学の基本書なんで。通説なんで。

質問者Ａ　だから、それはもう終わりなんです。もう終わるんです。

中村元　それは困るな。

悟《さと》りについては「分かる人はいない」、法力《ほうりき》については「学問的でない」？

中村元　私が仏教を……、仏教の坊《ぼう》さんも含《ふく》め、学者も含め、私の本を基本テキストにして勉強しており、日本の仏教学が世界でいちばん進んでいるということになっているので、英語圏《けん》の人も、私の（本の）英訳で勉強している。

質問者B　でも、「悟《さと》り」について分からなかったんですよね？

中村元　そんなもの、分かる人はいないですよ。

質問者A　では、「法力《ほうりき》」とは何ですか。

中村元　そんなもの……、そんなものは学問的でない。

質問者A　いいえ、「法力」という言葉はありますけれども。

中村元　学問的じゃない。

質問者B　今、あなたはどの世界にいるんですか。あなたは何者なんですか。

中村元　涅槃《ねはん》に入《い》ったんじゃないの？

質問者A　今、幸せなんですか。

中村元　まあ、世界的名声に包まれて……。

質問者A　「幸せなのですか」と訊《き》いているんですが。

中村元　そりゃあ、幸せでしょうよ。

質問者A　そうなのですか?

質問者B　では、ここに来なくていいのではないですか。

質問者A　そうですよ。総裁先生の批判で、なぜ、そんなに敏感《びんかん》に反応するんですか。

中村元　だから、不当な批判をしている者に対して、やっぱり……、私の話をしたので、来たんで。

質問者Ａ　あなたのほうが総裁先生より世界的権威《けんい》だというのなら……。

中村元　そりゃあ、そうでしょう。

質問者Ａ　それなら、別に放っておけばいいでしょう?

中村元　仏教をやっている人はみんな、私のほうを信じて、大川隆法の仏教論なんか信じるわけないですから。

「これ以上、私の批判を続けるなら、口を封《ふう》じる必要がある」

質問者Ａ　今、総裁先生のことを「殺したい」と思っていましたか（質問者注。この日は、総裁先生の体が苦しそうだった）。

中村元　「殺したい」とは思っていないけど、これ以上、私の批判を続けるんだったら、口を封《ふう》じる必要があると思ってはいます。

質問者Ａ　「口を封じる」とは、どういうことですか。

中村元　「黙《だま》れ」ってこと。

質問者Ａ　「黙る」というのは、どういう状態になることですか。

中村元　「息を止めれば終わり」だよ。

質問者Ａ　やはり、「殺す」ということではないですか。

質問者B　ああ、それで総裁先生は苦しいのですね。

質問者A　心臓にきていました。

中村元　長生きする必要はないし。

質問者A　今、あなたは地獄の最深部にいるんですよ。
〝世界的権威《けんい》〟である中村元の考える「涅槃《ねはん》」とは

中村元　そんなの、分からん。

質問者A　それが分からないのであれば、仏教学で世界的権威《けんい》になるのはおかしいのではないですか。

中村元　涅槃《ねはん》に入ってるかもしれないんだから。

質問者Ａ　いいえ、涅槃ではないでしょう。

中村元　涅槃って、誰も説明できないんだから。

質問者Ａ　では、なぜ、涅槃について話しているんですか。

中村元　私の説明では、まあ、あのね、尼《あま》さんの、ああいう、尼僧《にそう》の庵《いおり》が、電気がなくて薄暗《うすぐら》い感じで、なかでお茶でも飲んでるような感じが、涅槃かなあと思っている。

質問者Ａ　いいえ、そんなものは涅槃ではありません。（徳島県の）祖谷《いや》に行けば、そういう家はたくさんありますよ、山のなかへ行けば。普通《ふつう》の田舎《いなか》の家ですよね。

中村元　祖谷には行ったことないんで、すいません。

質問者Ａ　では、さようなら。

中村元　「世界的権威の私を敵に回してやるのは不利だから、やめたほうがいい」って忠告を……。

質問者Ｂ　でも、あなたが世界的権威といっても、総裁先生の信者は全世界に一千二百万人以上いるんですよ。

中村元　いや、仏教を勉強する人は、私の本を読まないではできないし、東大でだって使っているんで。

質問者A　仏教を特に詳《くわ》しく勉強せずに普通に生きていると、あなたを知ることはありません。

「現代人である私のほうが、仏陀《ぶっだ》より賢《かしこ》いはず」？

質問者B　そもそも、総裁先生が仏陀《ぶっだ》ですから。

中村元　いや、「人間・釈迦《しゃか》」は、私が書いたからね。

質問者A　あなたは、仏陀になりたかった人でしょう？

中村元　いや、仏陀といっても、私のほうが現代人ですから、私のほうが仏陀より賢《かしこ》いはずです。

質問者A　そんなことはありません。

中村元　だって、仏陀は縄文式《じょうもんしき》時代の人なんですから。

質問者A　現に、あなたは仏陀の教えを解釈《かいしゃく》することで生業《なりわい》を立てていた人なんですから、どう考えても、あなたのほうが仏陀より下ではないですか。

中村元　現代的に、現代語で解説した。

質問者A　仏陀のおっしゃっていたことを解明する仕事をしていたんですから、どう考えても、あなたは仏陀より下でしょう。

中村元　当時のインドの人たちは無学文盲《むがくもんもう》ですから、そんなに難しい言葉が分かるわけがないから、易《やさ》しい言葉でやっていただろうということで、易しく話をするように努力した。

質問者B　「易しい悟りの言葉」と「ただの会話」は違《ちが》うんですよ。

中村元　岩波文庫の私の『ブッダのことば』を読んでね、もう手から離《はな》せないでいるような人はいっぱいいるんだからね。インドへ行くときも、岩波文庫を持っていくっていう。

質問者Ａ　もう、あなたの時代は終わったんですよ。

中村元　私以上の権威が、今いないんで。

質問者Ａ　だから、あなたは終わったんです。

中村元　二回も言われると、ちょっとこたえる。

## 仏教学の渡辺照宏《わたなべしょうこう》博士をどう見ているか

質問者Ａ　渡辺照宏《わたなべしょうこう》先生のほうがいいです。

中村元　あっちがね、金もなく、早死《はやじ》にしたんで。

質問者A　でも、渡辺照宏先生のほうが、上位の天国に還《かえ》っています。

中村元　あっ、そうか。今日、比較《ひかく》されたんで、余計、腹が立ったのか。そっか

（本書「地獄に堕ちた場合の心得」参照）。

質問者A　「ライバル心を持っている」ということですね。

中村元　渡辺照宏さんは、私みたいに商売上手でなかったから。ねえ？　アパート

でね、一室で、ほとんど辞書・辞典なんかで調べながら書いててね。貧しく死んだ

から、病床《びょうしょう》で。

「また悪口を言っている」と思って、説法《せっぽう》の途中《とちゅう》から来た

質問者A　説法《せっぽう》が終わったあとからいたんですか。

中村元　途中《とちゅう》から来ました。

質問者Ａ　それで最後のほうに（総裁先生の）心臓が痛くなったんですね。

中村元　うん。一時間過ぎたあたりから来ました。

質問者Ｂ　どのように説法が聞こえてくるんですか。

中村元　それは、聞こえるんですよ。

質問者Ｂ　自然に？

中村元　名前を出されたらね、世界中にそれは伝わるんですよ。

質問者A　それこそ「仏陀」ではないですか。その声こそ「神」ですよ、（世界中に）聞こえるのであれば。

質問者B　「救いの声」が聞こえたんですよ。

中村元　「ああ、また悪口を言ってるな」と思って。

質問者A　今日の説法で、総裁先生は最後に何とおっしゃいました？

中村元　いや、知らんけど、でも、この前も悪口を言ったでしょう？　なんか、私たちの……。

質問者B　「嘘《うそ》をつくなかれ。」ですね。

中村元　「嘘をつくなかれ。」だな。

質問者A　総裁先生は、「地獄に堕ちても、お坊さんなど、救ってくれようとする人の声が聞こえてくるかもしれないので、そのときは、それを聞いて受け入れるだけの心の余裕《よゆう》を持ってください」とおっしゃいました（本書「地獄に堕ちた場合の心得」参照）。

中村元　それはいけないね。お坊さんたちは、私の本を読んで勉強しているんですから。

『嘘をつくなかれ。』
（幸福の科学出版刊）

質問者B　それは、「貪《とん》・瞋《じん》・痴《ち》・慢《まん》・疑《ぎ》・悪見《あくけん》」の「慢」ではないですか。

## 2　仏教を「無霊魂説《むれいこんせつ》」にする解釈《かいしゃく》の間違《まちが》い

### 「魂《たましい》はない」と教える仏教の大学

中村元　私の後を継《つ》いで、NHKの「こころの時代」を引き継いだ奈良康明《ならやすあき》先生は、仏教の大学の学長をしてたけど、「魂《たましい》はない」って教えてたからねえ。

質問者A　もう終わっていますね。それなら、仏教を語る資格はありませんね。

中村元　あれは専修大《せんしゅうだい》かな？　あそこの、専修……、いやいや、専修じゃないね。何だっけ？　禅宗《ぜんしゅう》の学校。

質問者A　専修大学？

中村元　いや、違《ちが》う違う違う、違う違う。

質問者B　禅宗のですか。

中村元　禅宗のだよ。

質問者B　大谷《おおたに》大学ではなくて？

中村元　おたくだって、職員で入っている人がいるだろう。

質問者A　佛教《ぶっきょう》大学？

質問者B　駒澤《こまざわ》大学？

中村元　うん、駒澤だ。駒澤大学の総長をしてた人が私の後を継いで「こころの時代」をやってたけどね。

だけど、「魂はない」と、あそこの学生には教えてて、それがみな僧侶《そうりょ》をしているから。

質問者B　意味がないですね。

あくまでも魂を信じない中村元

質問者B　あなたは、「魂はある」と思うのですよね？

中村元　いや、仏陀《ぶっだ》は、だから、アナートマンだから。アートマンは魂で、「魂はない」って言ってた。

質問者B　えっ？　今、あなたは魂ですよね？

中村元　いや、それが難しいんだよ。

質問者A　全然、難しくありませんよ。

中村元　あのねえ、「魂はない」んだけどね、「業《ごう》はある」んだよ。

質問者A　（アメリカの俳優の）世界で有名なモーガン・フリーマンも、ちゃんと魂は信じていましたよ（質問者注。モーガン・フリーマンは、「ストーリー・オブ・

ゴッド」という、人間の宗教観・死生観を世界のさまざまな宗教を通して考察していく番組を制作している)。

中村元　魂はないけどね。あのねえ、魂はないんですよ。ただ、仏教では、ロウソクがずーっと続いていてね、このロウソクの炎《ほのお》は消えるんだけど、次のロウソクに火が移《うつ》ったらそれが燃えて、それが尽きたら次に火がついて、それがついていってということで……。

質問者Ａ　では、その「火」というのは何ですか。

中村元　だから、消えていくわけだよ。

質問者Ａ　だから、その「火」とは何ですか。

中村元　だから、魂は消えるんだよ。だけど、火は続いていくんだよ。

質問者A　それで、その火は何ですか？

中村元　これは、業が流転《るてん》する姿っていうの。

質問者B　では、あなたは今、業なんですか。

中村元　うーん、まあ、「業とは何か」っていうことは難しいが、人間の持っている、何て言うか、一種の傾向性《けいこうせい》のあるエネルギーだな。そういうものは、何らかのかたちで継承《けいしょう》はされるけれども、個体としては継承されない。

質問者Ａ　その火は、いつからついたんですか。

中村元　だから、個体としての魂はない。だけど……。

質問者Ａ　その火は、いつからついたんですか。

中村元　だけど、その火としての性質自体は継承されていく。

質問者Ａ　火は、いつついたの？

中村元　えっ？

質問者Ａ　あなたの火は、いつついたんですか。

中村元　前のロウソクから移ったんだよ。

質問者Ａ　その、前のロウソクは……。始まりは何ですか？

中村元　前のロウソクは消えたの。

質問者Ａ　始まりは？

中村元　だから、過去はないし未来もない。

質問者Ａ　始まりは？

中村元　始まり？

質問者A　ええ。ロウソクの始まりです。

中村元　それはですねえ、まあ、仏教学的に言うと、「インドラの網《あみ》」みたいなもんで、縦横《じゅうおう》に結びついた、その結び目に玉が付いてるわけで。うん、うん。

**仏教の世界的権威《けんい》であっても、「業《ごう》」については分からない**

質問者A　その網はどうやってできたんですか。

中村元　それは分からん。

質問者A　なぜ、その網と網は重なって、玉ができるんですか。

中村元　いや、それは分からん。

質問者Ａ　それが分からないのならば、あなたは世界的権威《けんい》ではありませんね。

中村元　それは「宇宙的権威」じゃないから分からんね。

質問者Ａ　さらに、宇宙的権威という方がいるわけですか。

中村元　そんな人はいないね。

質問者Ａ　いないのに、なぜ、そんな発想が出てくるんですか。

中村元　何が？　「インドラの網」っていうのは、話としてはあるから、たとえ話で。

質問者A　その話は誰《だれ》がしたんですか。

中村元　いや、それは、仏説《ぶっせつ》で、仏伝《ぶつでん》のなかに……。

質問者A　やはり、あなたより仏陀のほうがいろいろ知っているということですね。

中村元　仏陀は、たとえ話を説いただけで、現実じゃないから。

質問者A　あなたは、お昼ご飯《はん》のときもずっといたんですか。

中村元　いたよ。あなたがたを啓蒙《けいもう》せにゃいかんからさ。

魂はないけれども、その業《ごう》が流転するのが仏教なんです。魂があると思うのは仏教以前の宗教なんです。

だから、今日、言っていたなかでは、ヒンドゥー教とかは魂を信じてます。だけど、仏陀はアナートマンを説いたので、その無我説《むがせつ》のなかには無霊魂説《むれいこんせつ》も入ってるんですよ。ほかに業は流転すると言ってるんで。

質問者Ａ　業とは何ですか。

中村元　いや、それは難しいんで、そこは難しい……。

質問者Ａ　教えてください。

中村元　そこが難しいんだよ。

質問者Ａ　世界的権威よ。

質問者Ｂ　世界的権威なら、分かりやすく教えられるのではないですか。

中村元　そこが、仏教のいちばん分からないところなんですよ。「魂がなくて、業が流転するというのはどういうことか」が、みんな分からないので。

質問者Ａ　その業というのは「カルマ」と同じ意味のことですか。

中村元　うーん、まあ、カルマは流転してるね。まあ、そういう感じだ。うん。

質問者A　「カルマが流転する」ということは、「その人の個性が流転している」ということでしょう?

中村元　業っていうのはねえ、だから、いやあ、それはね、カルマといっても、業といっても、それは「行い」なんだよ、今日の話で言えばね。「行いが残る」ということなんだよ。

質問者A　「心のなかの思い」は?

中村元　だからね、「織田信長《おだのぶなが》が生きて、比叡山《ひえいざん》を焼き討《う》ちしたりして、天下統一のためにいろんな国を滅《ほろ》ぼした」っていう行いは消えてないんだよ。それはある。うん。

## 3　仏陀《ぶっだ》を自分と同格まで引き下げた罪

### 大川隆法総裁を仏陀と認めない中村元

質問者A　何なのでしょう、最近は。中村元だの、来なくてもいい遠藤周作《えんどうしゅうさく》だの……。

中村元　君たちというか、大川隆法は、世界的権威《けんい》にちょっと挑戦《ちょうせん》しすぎる。

質問者A　総裁先生は、世界的権威というか、「神」ですから。

質問者B　ですから、それは、あなたのほうですよ。

●遠藤周作だの……　2020年4月25日に行われた「遠藤周作の霊言」が、『ローマ教皇フランシスコ守護霊の霊言』(幸福の科学出版刊)に付録として収録されている。

中村元　だからねえ、新興宗教の教祖とかは、もうちょっと黙《だま》っていなきゃいけない、ちっちゃくなって。

質問者B　総裁先生は仏陀《ぶっだ》ですよ。

中村元　それでね、利用しながら……、高橋信次《たかはししんじ》なんていうのはね、ほんっとにねえ、もうねえ、仏教の本の、ほんの二、三冊読んでしゃべってるんだからね。だからねえ、大家《たいか》を批判するところまで行っちゃいけないんですよ。

質問者A　大家というか、あなたは一学者でしょう?

中村元　高橋信次は、自分の『心の発見』だか何かの本を渡辺照宏《わたなべしょうこう》博士に送って、そして、仏陀だと認めてもらおうとして送ったら……。

質問者A　拒否《きょひ》された。

中村元　渡辺照宏から、「あなたは仏陀ではない」という返事が返ってきた。

質問者A　やはり、渡辺照宏先生は偉《えら》いですね！

中村元　それで怒《おこ》って、講演で悪口を言っていますよ。うん。だけど、渡辺照宏は、霊言《れいげん》では、「大川隆法は奈良《なら》の大仏だ。肉体仏陀ではなくて毘盧遮那仏《びるしゃなぶつ》だ」と言った。ご機嫌《きげん》を取りすぎですよ。

質問者A　いえ、本当のことなので。真理……。

質問者B　すごく信仰心《しんこうしん》に溢《あふ》れた方です。

中村元　いや、「人間・仏陀」ですから。人間じゃないですか。ご飯《はん》も食べなきゃいけない。酸素も不足する。心臓が苦しくなったら、人間として苦しいし、ねえ？　うんちもおしっこも出る。きれいな女性を見たら、「ああ、きれいだなあ」と思って、ちょっとは男の気分も味わえる。ね？　だから、人間なんですよ、仏陀じゃないんで。

質問者A　それは、あなたが人間として生きていたときの感覚をしゃべっただけではないですか。

中村元　人間じゃなくて仏陀なら、奥《おく》さんなんか要《い》るわけないんで。

質問者A　ヤショーダラーがいましたよね。

中村元　いやいや、捨ててるの、ちゃんと。ちゃんと捨てとるじゃない。

質問者A　総裁先生は仏陀を超《こ》えた存在ですから。

中村元　だから、あんたみたいにまとわりつくのは捨てなきゃいけないんで、仏陀ならね。

質問者A　では、あなたには、奥さんはいなかったんですか。

中村元　まあ、いたけどね。

質問者A　自分だっていたんですよね。

中村元　私は、だから、坊《ぼう》さんじゃないから別にいいんですよ。

質問者A　あなたが、「人間・釈迦《しゃか》」になりたかったのでは……。

中村元　学者だから。私は学者だから。世界的権威だから。

「仏陀の仕事を現代的にしたのが私だ」？

質問者A　あなたは今、ずっと地獄《じごく》で一人でいるんですか。

中村元　だから、「私は涅槃《ねはん》にいる」って言ってるんで。

質問者B　普段《ふだん》、何をしているんですか。

質問者A　冒頭《ぼうとう》のお話からすると、お茶を飲んでいるのでは？

中村元　学問をやってる。

質問者B　仏典《ぶってん》を読んでいる？

中村元　仏典かもしらんが、書き物をしてる。

質問者A　では、仏陀にお会いしたことはあるんですか。

中村元　そらあ、仏陀はもう涅槃に入《い》って、消えてるから、分からないんだよ、それは。

質問者B　それは悪魔《あくま》の考え方ですよね。

中村元　たぶん、いや、仏陀という、その業《ごう》というか、仏陀が八十年生きたこの行《こう》為《い》は遺《のこ》ってて、彼の魂《たましい》はないんだけれども、仏陀は「中村元」として、同じ仕事をしたわけ、現代で。

質問者A　要するに、中村元さんは仏陀になりたかった男でしょう？　「自分が仏陀だ」と言いたかったんですよね？

中村元　いや、「仏陀の魂だ」と私は言っていない。「仏陀の仕事を現代的にしたのが私だ」と言ってる。

質問者A　いえ、仏陀とあなたは違《ちが》いますよ。あなたは、仏陀の言葉を、すでにあるものを解釈《かいしゃく》しただけなんです。

仏陀は、すでにあるものを解釈したのではなくて、仏陀自身の言葉をつくり出して、今、教えが遺っているんです。

中村元　仏陀のは、もう古くて難しいから、私が、現代語で、みんなに分かるように、百万人の仏教にしたんで。

肩書《かたがき》にこだわり、自分への批判を嫌《いや》がる中村元

質問者B　先ほどから、あなたの話は眠《ねむ》くなるような話です。

質問者Ａ　頭がよさそうに言っていますけれども、全然、論理が通じていないんですよ。

中村元　私の話はねえ、私の話はみんな寝《ね》ながら聴《き》いてましたから。

質問者Ａ　全然、論理が通じていないし、一貫《いっかん》していませんよ。

中村元　私は、原典に返って、お経《きょう》の原典を読んで解釈してるんで、学問的なんだ。

質問者Ａ　「聖《セイント》☆おにいさん」を観《み》たことはありますか。

中村元　いや、そんなの知らんよ。

質問者A　そうですか。

中村元　ちょっと偏《かたよ》って……、学者として、渡辺照宏よりは私のほうが本物なんです。世界的なんです。

質問者B　それは、肩書《かたがき》に執着《しゅうちゃく》しているだけではないですか。

質問者A　しかも、その「学者として」というのは、誰《だれ》が決めるんですか。

中村元　東大の名誉《めいよ》教授です。
　ハーバードだって、仏教の研究においてはねえ、こちらのほうが上で、あちらのほうが、まだ教えてもらわなきゃいけない。

質問者Ａ　東京大学だって、人間がつくった大学ですよ、明治時代に。

中村元　大川隆法はねえ、東大を恨《うら》みすぎてるんですよ。

質問者Ａ　いえ、全然、恨んでいません。

中村元　「丸山眞男《まるやままさお》は地獄に堕《お》ちてる。宮沢俊義《みやざわとしよし》も地獄に堕ちてる。中村元も地獄に堕ちてる」と、権威がある人をみんな目茶苦茶《めちゃくちゃ》に言って、そして、引きずり下ろしてるんで。

質問者Ａ　でも、実際、丸山眞男以下、特にそうですが、東京大学出身の人たちが日本を破壊《はかい》していった事実は否《いな》めないですよね。

中村元　世間《せけん》が認めて、崇拝《すうはい》してるような人を、全部、無価値にしていくから、こちらが悪魔でしょう。

質問者A　そんなことはありません。

質問者B　あなたは認められたいだけですか。

中村元　もう認められているんだよ。それにケチをつけて、崩《くず》すようなことは……。

質問者B　真実を知ることができて、ありがたいではないですか。

中村元　ええっ？

## 自分が仏教学でいちばん頭がいいと思い、「神秘体験」を否定する

中村元　私だって、心ならずも、仏典に書いてあるから訳したものもあるんですよ。「ガンジス河が満水《まんすい》のときに、仏陀は空中を飛んで、向こう岸に渡《わた》った」って書いてあるから。「お金を持っていなかったので、船頭が、『お金がないなら乗せられない』と言ったので、空中を飛んで向こう岸に渡った」って書いてあるけど、まあ、そんなことはあるわけがないから、誰か親切な人が代わりに金を出してくれて、乗って渡れたんだろうと思って。こういうこともあったから、以後、僧侶《そうりょ》からは渡し賃を取らなくなったのがインドの伝統なんだろうと、まあ、そういう解釈を書いてある。

実際、河を飛ぶわけないもんね。

質問者A　飛んだかもしれませんよ。

中村元　だって、ガンジス河は、ものすごく、海みたいに広いんで。飛べないよ。

質問者Ａ　あなたは飛べないですよ。

中村元　いや、狭《せま》い、せせらぎだったら飛べるけど。

質問者Ａ　だから、自分のことを天才だと、どうせ思っているんですよね？

中村元　だからね、「イエスが湖の上を歩いた」っていうからさあ、その「まね」みたいに、仏教者は言うんだろうが。

質問者Ａ　あなたは、自分のことを「仏教学でいちばん頭がいい」と自分で思っているから……。

中村元　実績はな。実績はそうでしょう。

質問者A　「自分ができないことは仏陀もできない」と思うから、やはり、発想として、自分が仏陀と同格なんですよ。

中村元　いや、全部、否定してるわけじゃなくて、恩師の宇井伯寿《ういはくじゅ》なんかは、仏陀があの世の話とかしてるのは、こんなの、ほんとに、無学文盲《むがくもんもう》の人たちを導くためのたとえ話にすぎないという、「戯言《たわごと》」という言い方をしていましたけどね。

質問者B　あなたは、生前、悪霊《あくれい》体験などはなかったんですか。

中村元　そういうものは、あんまりないなあ。

質問者B　霊を感じたことも、まったくないんですか。

中村元　そういうものはないねえ。

質問者A　では、院生に大目連《だいもくれん》のような人がいたら、何とアドバイスしてあげるんですか。

中村元　えっ？

質問者A　大目連のように、お母さんが地獄にいて苦しんでいる人がいたら、どうやって救ってあげるんですか。

中村元　いや、あんた、それは勉強が不足してるから。あれは『盂蘭盆経《うらぼんきょう》』なんで。それは中国でつくられた偽経《ぎきょう》ですから。サンスクリット語のお経はないんです。

質問者A　そういうのが学者の見方ですか。

中村元　サンスクリットの原本がないので。『盂蘭盆経』は、それは中国でつくった。中国は、親孝行を当時説いていたから、中国人がつくった、僧侶がつくった偽経ということになってます。

質問者A　あなたたちは、そういう神秘体験は全部、嘘《うそ》と言うのでしょう?

中村元　……ないもん。

質問者A　では、釈尊《しゃくそん》は、どうやってお母さんに会ったんですか。天上界《てんじょうかい》で、摩耶《まや》夫人《ぶにん》に会ったんでしょう？

中村元　誰も見た人はいないんで。三カ月ほどいなくなったんで。一人で籠《こ》もっていたんでしょう、どっかでね。

質問者B　何て、この世的な人なんだ（苦笑）。

質問者A　なぜ、仏教を学ぼうと思ったんですか。勉強しなければよかったのに。

中村元　インドみたいなところだと、三カ月ぐらい姿を隠《かく》したら、分からなくなるのは、それはそう。

## 中村元の仏典《ぶってん》の翻訳《ほんやく》にはバイブレーションがない

質問者A　仏教などせずに、普通にサラリーマンとして人生を送ったほうが、浅い地獄で済んだのではないのですか。

質問者B　仏教の何に惹《ひ》かれたんですか。

中村元　うーん……、いやあ、大学時代に病気したことがあってね。まあ、私も、生死の境をさまよったこともあったんだよ。そういうこともあって、その病気をしたときに、本なんか読んでて。まあ、出身はあちらのほうの、今ね、「ゲゲゲの鬼《き》太郎《たろう》」とか、あんなのが有名な、あちらのほうの……。

質問者B　鳥取？　島根？

中村元　山陰《さんいん》のほうなんでね。

質問者Ａ　まあ、グチャグチャグチャグチャ、そういう解釈ばかりして、細《こま》かい論点をつついてくる東大生はみんな、地獄が多いのではないですか。

中村元　だから、大川隆法が東大の本道だという言い方は……、あっ、これも昨日《きのう》していたんかもしらんけど、みな間違いで、「これは異端児《いたんじ》でアウトローで、私たちが本道で」っていうふうに教えなくちゃいけない。

質問者Ａ　いいえ、違いますよ。本当の東大生は、夏目漱石《なつめそうせき》とか、芥川龍之介《あくたがわりゅうのすけ》先生とか……。

●昨日していた……　本霊言収録の前日に、『黒川弘務《くろかわひろむ》検事長の本心に迫る』（幸福の科学出版刊）の校閲《こうえつ》を行《おこな》っていたことを指す。

中村元　いや、それは私より前の人だから、それは偉いとは思うよ。

質問者Ａ　そういう時代の東大生は、みんな一流だったんですよ。

中村元　大川隆法は、私から見りゃあ、子か孫ぐらいの年ですので。

質問者Ａ　藤木《ふじき》（英雄《ひでお》）先生とか……。

中村元　そんな人は知らないよ。

質問者Ａ　刑法《けいほう》です。

中村元　知らないよ、そんな人。

質問者A　そういう天才的な人ほど、話が分かりやすくなるんですよ。あなたのような秀才《しゅうさい》レベルの人ほど、もう細かいことをグチャグチャグチャグチャ言って、人に嫌《きら》われるんです。

中村元　いや、私の本は分かりやすいっていうのも、大川隆法も認めてるじゃない。「あまりの名訳のために、名訳であることが分からないぐらいの訳だ」とか言われてるんだ。

質問者A　名訳というのは、持ち上げて言ってあげているだけです。実際は名訳ではなくて、本質が何も分かっていない状態で訳しているから……。

質問者B　ツルンとしているんです。

質問者Ａ　そうです。バイブレーションがないではないですか。

中村元　ツルツルに訳して、バイブレーションがない。ツルツルに訳してるから、英語に訳すのは簡単なのね。私の本を、現代語だから、外国語に訳せるんですよ。だけど、渡辺照宏風に、威神力《いじんりき》を込《こ》めた訳し方をされると、外国語に訳せないんですよ。

質問者Ａ　みんなそうですよ。翻訳《ほんやく》でいちばん難しいのは、ポエムのようなものです。バイブレーションがあって、心に余韻《よいん》が残るあの言葉遣《づか》いを訳すのに、みんないちばん苦労しています。

学者的な翻訳なら、英語に精通している人なら、みんなできていますよね。

英語の歌詞なども、訳すのは難しいですよ。

中村元　恩師はねえ、「魂がない」と言ってる人について東大教授になってるから、それはねえ、「魂がある」と前面に打ち出すのは難しかったし。

宇井伯寿の、本当の、正統の後継者《こうけいしゃ》は平川彰《ひらかわあきら》のほうで、あれは東大教授をやったあと、早稲田《わせだ》の教授もしてた。ついこの前までしてたんで。「戒律《かいりつ》」中心の勉強してたけどね。

平川なんていうのは、大乗《だいじょう》仏教の起こりは仏塔《ぶっとう》信仰で、仏塔を建てて、建てたらみんなが拝《おが》むようになって、それが仏教になったっていう、そんな〝教え〟なんで。これが許されるなら、私なんか、もっといい仕事をした。

質問者Ａ　それでは、さようなら。

「仏陀が私より後輩《こうはい》で生まれてくるのはおかしい」

中村元　だから、クレームだよ。クレームがついた。世界的権威を二回も批判したので。

質問者B　世界的権威といっても、競争があまりない世界ではないですか。

中村元　私は、インドまで行って発掘《はっくつ》までしたんだから、古文書《こもんじょ》のね。

質問者A　あなたが研究の対象としたのは仏陀ですよね？

中村元　はい。だから、私より後輩《こうはい》で生まれてくるのはおかしいんですよ。絶対ありえない。

質問者A　いいえ、リインカーネーション（転生輪廻《てんしょうりんね》）があります。

中村元　いや、それはねえ、ないんだって。それはねえ、今日言ったやつの、ヒンドゥー教の前、バラモン教の教えなんですよ。リインカーネーション。

質問者A　いえいえ、神仏は、人々を救いたいという無限の愛の思いをお持ちです。

「仏教は無霊魂説《むれいこんせつ》」という学説をつくってしまった中村元

中村元　辞書を引いてごらんよ。仏教は無霊魂説《むれいこんせつ》って書いてあるから。

質問者A　ですから、それが間違いなんです！

中村元　うーん。

質問者B　後世の人の説です。

質問者A　それこそ、人間がつくった学説ではないですか。

中村元　そりゃあ、私のほうが中心ですけどね、いちおう。

質問者A　それは、あなたがつくったんでしょう?

中村元　だって、仏教辞典も、全部、私のが中心になって、みんな……。

質問者A　「仏教」ではなくて、「〝中村元〟教」になっているだけなんですよ。

中村元　だから、「仏教哲学《てつがく》」ということにして、哲学者なんですよ。仏教哲学者っていうことにしてる。

質問者A　それは、ソクラテスが怒ります。

中村元　仏教者とは言わない。

質問者A　ソクラテスが怒ります。プラトンが怒ります。

中村元　抽象《ちゅうしょう》的に解釈するから、仏教学者なんで。

質問者A　さようなら。あなたは仏陀には及《およ》びません。

中村元　ちょっと、あなたと全然嚙《か》み合わないんで、話がね。何も勉強していないしね、そもそも仏教を。

質問者A　（あなたがつくった）そんなものを勉強する時間のほうが無駄《むだ》です。

中村元　私みたいな専門家の本を勉強しないで、こんな、素人《しろうと》が思いついてしゃべってることをやるのが間違ってるんだ。

質問者B　仏教はすべての人を救う教えですよ。

中村元　今で言えば、感染症《かんせんしょう》学者の言うことをきかずに、勝手に、そんなものは免《めん》疫力《えきりょく》を高めれば治るなんていうのを教えてるのと一緒《いっしょ》なんですよ。

## 4　死んだ自覚がなく、心にあるのは「嫉妬《しっと》」や「金儲《かねもう》け」

### 「幽霊《ゆうれい》は信じていない」「病院の特別室にいる」

質問者A　残念ながら、『蜘蛛《くも》の糸』一編を書いた芥川《あくたがわ》先生に、あなたは負けていますよ、その本質を見る目において。

質問者B　難しいことを言っているようで、よく分からないです。

質問者A　あちらのほうが、仏陀《ぶっだ》様を垣間《かいま》見ていますよ。

中村元　芥川は、霊《れい》体験してるからさ。そらあ、そうだろうよ。幽霊《ゆうれい》をよく見とるからさ。

質問者A　あなたも、今、幽霊なんですよ。

中村元　私は幽霊を見たことない。

質問者A　あなたが、今、幽霊なんです。

中村元　そんなもんは信じてない。

質問者A　私たちが、今、幽霊に遭遇《そうぐう》しているんですけれども。

中村元　信じてないんで。

質問者A　幽霊です、あなたは。

質問者B　胸に手を入れてみたら？　スーッと。

中村元　いや、信じてないんで。

質問者A　ゴースト、ゴースト。

中村元　私は、病院の特別室にいるんですよ、まだ。

質問者B　入院しているんですか。

中村元　はい。病院の特別室にいるんで、今。

質問者A　世間《せけん》に発表してみたらどうでしょう。

中村元　なんで？　だって、私ぐらいの権威《けんい》になりゃあ、病院の特別室……。

質問者A　いえ、あなたは死んでいるんですよ。

質問者B　看護師さんやお医者さんに会いますか。

中村元　うーん、見たことがあるような気はするけど。

とにかくね、こういうねえ、女性がウロウロしてるだけで、もう仏陀じゃないんですよ。

質問者Ａ　仏教にも尼僧《にそう》教団はありますよ。

中村元　尼僧教団もねえ、頭を剃《そ》らなきゃ駄目《だめ》なんですよ。

質問者Ａ　では、あなたの学生に女性の生徒はいなかったんですか。

中村元　まあ、普通《ふつう》は、お寺の後継《あとつ》ぎが来てたから、男ですけどねえ。

質問者Ａ　だいたい、最近、「女性差別はいけない」などと言いながら、週刊誌も中村元さんも、「女が駄目だ」というように……。

中村元　いや、地獄《じごく》なんていうのはないんですよ。あれはね、勧善懲悪《かんぜんちょうあく》を教えるために、昔から人が考えついた……。

質問者A　では、涅槃《ねはん》に入《い》っているのであれば、蓮《はす》の花などが咲《さ》いているんでしょうか。

中村元　あっ、そんなの見たことない。

質問者A　周りに何があるんですか。

中村元　いや、まあ、病院みたいなもんなんで。

質問者B　では、涅槃は病院ですか。

中村元　いや、私の場合はね、まだ死んでないんで。

質問者Ａ　そんな涅槃は嫌《いや》です（苦笑）。

質問者Ｂ　何歳《さい》なんですか。

中村元　八十六までは覚えてるけど。

質問者Ａ　今は何歳ですか。

中村元　分かんない。

質問者Ｂ　ずっと生きているんですか。

中村元　私はね、もう健康でね、矍鑠《かくしゃく》としているからね。

## 「嫉妬心」を隠《かく》せない中村元

中村元　でも、私の家は五十坪《つぼ》ぐらいでねえ、本は三万冊ぐらい持ってたけど、大川隆法は、それ以上大きい家を建てて、もっと本を持ってて、生意気《なまいき》だなあ。

質問者A　嫉妬《しっと》していますね。

中村元　法学部のくせにねえ、口を出すなよ。

質問者A　総裁先生は、仏教の勉強をそうとうされていますよ。

中村元　いや、ほとんど、私の本とかを読んだだけでしょう。

質問者Ａ　いいえ。しかも、あなたと違《ちが》って、いろいろな人の意見を、いったん全部勉強しています。

あなたは、渡辺照宏《わたなべしょうこう》先生などのものも、全部弾《はじ》くんでしょうけれどもね。

中村元　いや、ずるいよ。

私だって、生きていたときに守護霊《しゅごれい》が訊《き》かれて、「仏陀というよりは、大川隆法はゼウスのほうに近いんじゃないか」と言ったことはある。

質問者Ａ　ゼウスでもありません。

中村元　「ゼウスのほうに近いんじゃないか」と。

それで、渡辺照宏のほうが来たら、「毘盧遮那仏《びるしゃなぶつ》ではないか」と言うて、「毘盧遮那隆法」って言ってたんだ。

質問者A　分かりました。

では、『ミラクルそんちょうのおはなし～くものいと～』を、どうかお読みになっていただいて……。

中村元　ゼウスでしょう。だって、ゼウスは、あっち行って、女をつくって子供を産ませて、やりたい放題、人間としての煩悩《ぼんのう》を百パーセント開花して、それで神様になってるんだろう？　そっくりじゃん。

質問者A　煩悩は、まったく開花していません。

『パンダルンダ別巻 ミラクルそんちょうのおはなし～くものいと～』（企画・原案 大川隆法・作 大川紫央、幸福の科学出版刊）

あなたのほうが、「いかに、自分が世界的権威になれるかどうか」しか考えていません。先ほどから、名誉欲《めいよよく》、権力欲に取り憑《つ》かれているようにしか聞こえませんけれども。

中村元　時代は重なってるからねえ。

九〇年代、東京ドームをやり始めたころには、やっぱり、われわれも含《ふく》めてね、新宗教学者も含めて、みんな嫉妬しとったからねえ。

質問者A　あなたも、総裁先生のようなことをしたかったんでしょう?

中村元　あんな、東京ドームで仏陀がやるわけがないって、みんなで言ってたし。

質問者B　いや、みんな仏陀に会いたいんですよ。

## 仏教のお経《きょう》は二千五百年遺《のこ》る「大ベストセラー」

中村元　それに、あんなベストセラー？　広告をバンバンやって、ベストセラーを出すなんて、仏陀的でないって、みんな言ってたよ。

質問者A　（苦笑）

質問者B　「ベストセラーが仏陀的ではない」と？

質問者A　二千五百年、教えが遺《のこ》っていたら、それは「大ベストセラー」でしょう。ものすごい規模のベストセラーですよ。

中村元　仏陀の本なんか、苦労して翻訳《ほんやく》して、少ない人が読むような。

質問者A　あなたたちのような〝頭のいい人〟がみんな、仏教の経典《きょうてん》を解釈《かいしゃく》で勉強しているんですよ。仏教のお経は「ベストセラー」です。

質問者B　仏陀は、『仏陀再誕《さいたん》』のような、お経というか、本を書かれるんですよ。

質問者A　そうなんです。

中村元　日曜日の八時ぐらいだったかな、いい時間に、NHKの「こころの時代」の話をさせてもろうたが、私の視聴率《しちょうりつ》はいつも一パーセントぐらいで。視聴率一パーセントって、普通は放映もされないんですが、私みたいな、仏陀そのものの人が話をしてるのに、一パーセントって、日本の国民は非常に民度が落ちてるなあと思

『仏陀再誕』（幸福の科学出版刊）

った。こんなに分かりやすく説いているのに。

質問者Ａ　その狭《せま》く自己中の世界で、これからも、どうかお過ごしください。

中村元　ちょっと、大川隆法がね、「中村元は地獄に堕《お》ちてる」みたいな言い方をするから、今、仏教学者やお寺のお坊《ぼう》さんたちに動揺《どうよう》が走ってるんですよ。

質問者Ａ　動揺が走ってもらわないと、みんな地獄に行ったら困りますから。

中村元　「最澄《さいちょう》が地獄に堕ちてる」と言われたとき以来の動揺が、今、走ってるんで。

質問者Ａ　この世にいる間に、中村元先生の学説から離《はな》れていただいて、真なる仏教に目覚めていただきたい。

中村元　この世で仏教をやった、勉強した人や、寺のお坊さんや学者で、「最澄は地獄に堕ちてる」と言った人は誰《だれ》もいないんで。大川隆法が初めてなんですよ。だから、信じて……。

質問者Ａ　先ほど、仏陀を見ませんでしたか。

自分にとって都合《つごう》の悪い教えは「たとえ話」と解釈《かいしゃく》する

中村元　ええ？　何？

質問者Ａ　仏陀と相見《あいまみ》えませんでしたか。御法話《ごほうわ》の途中《とちゅう》から来たのであれば。

中村元　「仏陀と相見える」って……。

質問者A　今日、仏陀様もいらっしゃったはずなのですけれども、見えませんでしたか。

中村元　……いや、大川隆法が座《すわ》ってただけだ。

質問者A　やはり、信じていないから見えないのですね。

質問者B　「次元が違いすぎて」とか。

質問者A　違うんですね。

中村元　大川隆法がしゃべってただけだ。

質問者A　かわいそうです、仏陀がそこにいるのに。まあ、大川隆法総裁先生も仏陀なので、総裁先生が見えたなら、それでいいのですけれども。

中村元　いや、魂《たましい》は転生《てんしょう》しないの。それを間違っちゃいけないんだよ。

質問者B　でも、仏陀は三世《さんぜ》を見通していたんですよね？

中村元　いや、まあ、それは、ものの話やね。

質問者B　では、都合《つごう》が悪いことは、全部たとえ話にするということですか。

中村元　今のはスーパーマンみたいなものなんで。

質問者Ａ　ええ、そうでしょう。自分にできないことは、すべてカットしていったのでしょう。やはり、仏陀を自分に当てはめたかったんですね。

中村元　やっぱり、現代で「仏陀」って言うなら、サンスクリット語が読めなきゃいけない。

質問者Ａ　分かりました。この霊言《れいげん》のサブタイトルは、「中村元、仏陀になりたかった男。なれなかった男」ですね。

中村元　ちが……。いや、ひどいよ。宇井《うい》先生のことは、もう今、知ってる人はいないからいいけども、あれもね、松本清張《まつもとせいちょう》まで、繰《く》り返し「地獄に堕ちている」と言われてるじゃん。あんなに頑張《がんば》って、本もいっぱい書いて、ベストセラーを出して。もう立志伝中《りっしでんちゅう》の人で、小学校からねえ、〝活字拾《ひろ》い〟をしながら偉《えら》くなって、それで、もう、テレビも映画もベストセラーで、みんなを儲《もう》けさせてやってる人まで、地獄に堕ちてるって言うなら、これはひどい人じゃないですか。人でなしですよ。これは嫉妬してるんだよ、やっぱり。名前がある人に嫉妬してるんだよ。

質問者A　いえ、そういうご苦労されて努力なされたところは総裁先生も認めつつも、ただ、松本清張さんご自身の人生を振《ふ》り返ると、やはり、殺人事件などについて、ずっと考えているんですよ。それだと、死後は、殺人事件などの話ばかりあるような世界に行くでしょう。どう考えても、天国ではないでしょう。

中村元　まあ、難点を言えば、醜男《ぶおとこ》だからね。それは、自分に対して、そういう醜男だから……。

質問者Ａ　〝アンコウ〟でしたでしょうか。

中村元　うーん、アンコウみたいな顔をしてるから、それに対する劣等《れっとう》感はあったかもしらんけども。

再び、「病院の特別室で、まだ生きている」と主張

質問者Ａ　では、さようなら。

中村元　だから、地獄なんてないんですよ。

質問者Ａ　いえ、中村元先生は無間《むけん》地獄にいらっしゃいます。薄暗《うすぐら》い小屋のなかで、

お茶を飲んでいます。

中村元　いや、ないんですよ。病院の特別室で……。

質問者Ａ　病院の特別室ですか。

中村元　ここは〝涅槃〟なんですよ。

質問者Ａ　その病院は、太陽の光は差し込《こ》んでくるんですか。

中村元　いや、そういうことをねえ、意識すること自体がこの世的なんですよ。

質問者Ｂ　でも、まだ生きているんですよね？

中村元　もちろん、生きてますよ。

質問者Ｂ　あなたのほうがこの世的ではないですか。

中村元　うん、だから、死んだら、ロウソクの炎《ほのお》が吹《ふ》き消されるわけですから。私、中村元として、炎がまだ燃えてるってことは、生きてるっていうことですよ。

質問者Ａ　では、そのシステムをつくったのは誰ですか。

中村元　いや、そんなのは分からないですよ。

質問者Ａ　誰が吹き消すのですか。

中村元　哲学《てつがく》的に、その第一原因なんて分からないのだよ。

質問者A　分からないことがあることを受け入れ、自分の未熟なることを受け入れて、仏陀の話を聴《き》いたほうがいいですよ。

中村元　だから、ロウソクは、蠟《ろう》が溶《と》けてなくなったら消えるよね。

## 繰《く》り返しされる「金儲け」の話

質問者B　では、あなたは、誰の話であれば受け入れるのですか。

中村元　ふうーっ（息を吐《は》く）。誰のって……。私より偉い学者はいないんだから、それは無理でしょう。

質問者Ａ　そこに、自分の限界があるんですよ。自分がいちばん勝《まさ》っていると思っているから。

中村元　大川隆法なんか、もう本当、金儲けの天才ですよ。

質問者Ａ　そんなことはありません。

中村元　金儲けばっかりやってるんだ。仏教を変形させて、金儲けしてるんで。

質問者Ａ　いえ。釈尊《しゃくそん》も、王としてあらゆることについて勉強をさせてもらっていましたから、そういう経営的なものも、勉強しているでしょう。

中村元　まあ、法学部だからさ、頭が悪いとは言わないけどねえ。そりゃあ、頭はそこそこはいいんだろうとは思う。

質問者Ａ　東大のなかでは、文Ⅰと文Ⅲですごく競争があるのではなかったですか。

中村元　それはねえ、就職にいいのは文Ⅰですよ。それはね。

質問者Ａ　あなたは、本当はどの学部に入りたかったのですか。もともと文Ⅲを志望していたのですか。

中村元　いや、それは、文Ⅰは入るのが難しいからね。

質問者Ａ　文Ⅰに入りたかったのですか。

中村元　いや、入りたいとは思わないよ。私は田舎《いなか》の……、私もそれは、だから、山陰《さんいん》地方の出身なんで。

質問者Ａ　総裁先生もお疲《つか》れなので、そろそろ出ていってもらえませんか。今、十分、抗議《こうぎ》したでしょう。

中村元　だから、「十分、出世して、偉くなったんだし、金儲けもしたんやから、人の悪口を言うのはやめなさいよ」って、もう、ごくごく道徳的なことを言ってるんだよ。

質問者Ｂ　いえ、真理を説いてくださっているんですよ。

質問者A　そうです。

中村元　私の本の売れ行きが落ちて、困ってるし。

質問者B　でも、もう、（亡《な》くなっているので）あなたにはお金は入らないですよね。

中村元　春秋社《しゅんじゅうしゃ》の人たちは、困って逡巡《しゅんじゅん》してんの。

質問者A　あなたたちのように、そういう批判をする人のほうが、極《きわ》めてこの世的な価値観でしか生きていないのです。

中村元　ええ？

質問者A　金が幾《いく》ら入るかとか。

中村元　まあ、たとえね、霊能者っていうのが本当にいるとしてもね、高橋信次《たかはししんじ》だって、「自分は仏陀だ」と言ってて、それで、今は否定されているんだろ？　そんなものだ。勉強もしていない人は、そういうものなんでね。

## 5　自《みずか》らが仏陀《ぶっだ》になり代わろうとする慢心《まんしん》

### 「仏陀は生まれたんですよ、中村元として」という主張

質問者B　あなたは、仏陀《ぶっだ》の教えの中身が分からないだけなんですよ。文字面《づら》しか分からないのです。

質問者A　あなたは、釈尊《しゃくそん》の、「教えを広げて、世界の真実を伝えることで、一人でも多くの人を救いたい」という慈悲《じひ》の気持ちを感じたことはあるのですか。その一端《いったん》なりとも、自分のなかに落とし込《こ》んだことはあるのですか。

中村元　いやあ、言葉としての「慈悲」は使ってますよ、私だって、そりゃ。「仏

教は慈悲の宗教だ」って、それは言葉では言っていますよ。

質問者A　仏教では、「未来仏《みらいぶつ》が生まれる」というお話があるではないですか。

中村元　いや、そういうのは、私は乗らないんで。

質問者A　え？　でも、そういうことが事実としてあるではないですか。

中村元　ああ、まあ、そんなのは勝手な希望ですから。

質問者A　誰《だれ》のですか？

中村元　そらあ、インド人の。

質問者A　（苦笑）では、あなたのも、日本人の勝手な希望の学説ですよ。

中村元　キリスト教にだって、イエス・キリストの再臨《さいりん》があるんですから。

質問者A　中村元という日本人の、勝手な思い込みによる仏教解説ですよ。

中村元　いや、仏陀は生まれたんですよ、中村元として。

質問者A　（苦笑）やはり、仏陀になりたかったのですね。

中村元　生まれたんですよ。だから、ほかにいてはいけないんです。

質問者B　あなたは仏陀ではありません。

質問者A　では、菩提樹下《ぼだいじゅげ》の悟《さと》りを開かないといけません。

中村元　だから、東方《とうほう》学院を開いてね、大学、東大が終わってから。なんでねえ、人がちょっとしか来ないのか……。神田《かんだ》でちっちゃい塾《じゅく》をやってたけど、ちょっとしか人が来ないのかが分からない。

質問者B　あなたに降魔成道《ごうまじょうどう》などはありましたか。

中村元　いや、書いてますよ。それについて説明してます。

質問者B　あなた自身はどうですか。

中村元　いや、私にはないよ（笑）、そらあ。

質問者B　あなたは、仏陀ではないんですよ。

中村元　私にはないけどさ、説明はしてるよ。

質問者A　ただの頑固《がんこ》なおじさんでしかないのです。

中村元　なんせ、あなたたちは見てないけど、その『佛教語大辞典《ぶっきょうごだいじてん》』を書いて、賞をもらったのは私なんですよ？

質問者A　よかったですね。頑張りましたね。

中村元　私の辞典を読んで、みんな勉強してるんですから。

質問者A　ありがとうございました。

質問者B　では、そうやって勉強する人が、みんな汚染《おせん》されてしまうのですね。

# この世の評価にかかわらず、学者にも天国・地獄《じごく》の差がある

中村元　少なくとも、私は最澄《さいちょう》よりも偉《えら》い人なんですよ。

質問者B　そうですか。

質問者A　そんなことを言ったら、また最澄が怒《おこ》って来ますよ。

中村元　いや、最澄も偉い人です。学者として偉いですよ。偉い人だけど、最澄より偉いです。

質問者A　なるほど。やはり、最澄も学者なんですね。

中村元　学者ですよ。

質問者A　そういうことですよね。

中村元　学問的にやってたんで。お経《きょう》に基《もと》づいてやってたんで。
　ああ、今日、言いそびれたが、天台智顗《てんだいちぎ》もそうでしょう。

質問者Ａ　あなたは学者と見ているわけですね。

中村元　だから、学者として、彼はインドの言葉が読めなかったから、中国語で訳されたお経だけを読んで、学説を立てた学者です。

質問者Ａ　でも、「一念三千《いちねんさんぜん》」などは、あなたは分かるんですか？

中村元　「一念三千」なんていうのはインチキです。あれが間違《まちが》ってるのは、はっきりしてるから。

あれは、翻訳《ほんやく》の間違いを彼は信じて、やっちゃったんで。中国語に訳すときに、調子がいいので、「如是相《にょぜそう》・如是力《にょぜりき》・如是体《にょぜたい》……」って言って。「十如是《じゅうにょぜ》」っていうのがあるんですよ、『法華経《ほけきょう》』。「これこそが『法華経』の核心《かくしん》だ」って言ってやったのが、天台智顗なんですよ。

ところが、「十如是」は原典にはないんです。インド人から、中国語に訳すときに、中国人が勝手に訳しただけで、元の原典にはないんですよ。だから、天台智顗が立てた教えのもとのところが、もう崩《くず》れてるんです。

質問者A　学者的なところはあると思いますけれども、天台智顗は天国に還《かえ》っていますからね。

中村元　あっ、そうなんですか？

質問者A　ですから、学者のなかでも、天国と地獄《じごく》に差はあるということでしょう？

中村元　私は翻訳能力があったからねえ。

質問者A　渡辺照宏《わたなべしょうこう》先生も、天国に還っていますよ。

中村元　おかしいねえ。この世の評価とちょっと違うねえ。

質問者A　でも、天国に還っている方たちは、そうは言っても、おそらく、釈尊の悟りのようなものを一端なりとも感じたところはあるんでしょうね。

中村元　渡辺照宏さんは、まあ、仏陀っていうのはすごい偉い人なんだと思ったんでしょう。私から見ると、やっぱりねえ、「未開のなかでやってた人なんだな」という。

質問者A　では、仏教の研究をしなければよかったのではないですか。

中村元　いや、現代にそれを……。

質問者Ａ　そんなに尊敬できない人が説いた教えを、どうしてわざわざ解釈するのですか。

質問者Ｂ　本当ですね。

中村元　「大蔵経《だいぞうきょう》」とかあるけど、もう真理が全然分からないので、やっぱり、現代語で分かるように……。

質問者Ａ　では、渡辺照宏先生をお呼びします。照宏先生に勝てるかどうか、やってみてください。

中村元　誰が呼ぶの。

質問者Ａ　私たちです。

# 〈付録②〉渡辺照宏《わたなべしょうこう》の霊言《れいげん》

二〇二〇年五月十九日　収録
幸福の科学　特別説法堂《せっぽうどう》にて

渡辺照宏《わたなべしょうこう》（一九〇七〜一九七七）

インド哲学者《てつがくしゃ》、仏教学者、僧侶《そうりょ》（真言宗《しんごんしゅう》）。東京帝国《ていこく》大学文学部印度《いんど》哲学科卒。一九四八年、九州大学文学部助教授となるが、赴任《ふにん》する直前、病床《びょうしょう》に就《つ》き、一九五三年に退官。一九七五年に成田山《なりたさん》仏教研究所主席研究員として学会に籍《せき》を置き、仏教経典《きょうてん》の翻訳《ほんやく》やサンスクリット・パーリ語に関する専門の論文を執筆《しっぴつ》。また、在来の仏教教団の宗派《しゅうは》意識を厳しく批評し、仏教界に波紋《はもん》を投げかけた。著書に、『渡辺照宏著作集』全八巻や『新釈尊伝《しんしゃくそんでん》』『仏教』等がある。

［質問者二名は、それぞれA・Bと表記］

〈霊言《れいげん》収録の背景〉

〈付録①〉の「中村元《なかむらはじめ》の霊言」の収録に続き、渡辺照宏の霊を招霊《しょうれい》した。

## 1 渡辺照宏《わたなべしょうこう》先生が中村元《なかむらはじめ》の間違《まちが》いを見抜《みぬ》く

### 中村元にあるのは「うぬぼれの心」

質問者A　渡辺照宏《わたなべしょうこう》先生（手を二回叩《たた》く）。

質問者B　中村元《なかむらはじめ》さんの間違《まちが》いを……。

質問者A　どうか、仏陀《ぶっだ》様をお護《まも》りください。渡辺照宏先生……。

渡辺照宏　渡辺です。

質問者A　早かったですね。

質問者B　ありがとうございます。

質問者A　すみません。

渡辺照宏　中村元は間違っていますから。私も批判していたので、生前から。だから、仏陀をね、漢字の「仏陀《ぶつだ》」を、カタカナの「ブッダ」としたあたりからがおかしいと思っていたんですよ。

質問者A　なるほど。

渡辺照宏　あのあたりから、手塚治虫《てづかおさむ》の『ブッダ』になり、その後ねえ、軽くなって、「人間」になっちゃったんで。あれから間違って、そうとう批判したんですがね。後輩《こうはい》なんで、あれ。

質問者A　うーん、あっ、そうですね。

渡辺照宏　うん、批判したんですが。「あいつが間違っている」と批判したんですけどね。

いやあ、「現代語で分かりやすくしているだけだ」と、本人は言うけど、結局、仏教の神秘的なところを全部取り去ったんですよ。〝ただの人間〟にしちゃったんですよ。自分みたいな人間にしちゃったんですよ、仏陀を。

だから、間違っているんで。これは許されないんですよ。あっちゃいけないんですよ。あってはいけない。

今も、キリスト教でも、遠藤周作《えんどうしゅうさく》とかそういう人たちは、みんな、イエスをただの人間と一緒《いっしょ》にしてしまって。
質問者A　ああ、そうですね。
渡辺照宏　で、遠藤周作は、自分みたいにイエスを描《えが》くでしょ？
質問者A　ああ、なるほど。一緒かもしれません。
渡辺照宏　一緒ですよ。
質問者A　先日、（遠藤周作が来たため）録《と》られた霊言《れいげん》でも、「神は沈黙《ちんもく》していて、もういなくなったのだ」という感じでしたね。

渡辺照宏　そうです。

質問者Ａ　「消えてなくなっている」というような雰囲気《ふんいき》でした。

渡辺照宏　「自分と一緒で、何もできない無力な人だから、十字架《じゅうじか》に架かって死んだ」と思っているんでしょう？

質問者Ａ　そうです。

渡辺照宏　だいたいそうなんです。自分に引きつけて、自分みたいな人だと思って。だから、すごいうぬぼれがあるんですよ。

質問者Ａ　根本的には、自分のことを〝いちばん〟だと思っているから、そうなるんですよね。

渡辺照宏　うぬぼれているんですよ、ものすごく。

質問者A　「自分がイエスになりたかったのでしょう?」という感じですよね。

「霊能力《れいのうりょく》がない仏陀《ぶっだ》なんて、あるわけがない」

渡辺照宏　知識が真理だと思っている人はねえ、これはガラクタであるということを、やっぱり理解していない。私から見てもガラクタの山なんで。そのなかから、真実の仏陀《ぶっだ》の教えを抽出《ちゅうしゅつ》しなきゃいけないんでね。

だから、今日の言い方や意見に腹が立ったんだろうけど、まあ、私はそんなにたくさん書いているわけではないけれども、「真実を見抜《みぬ》く目」は持っていたんで。

仏陀に、それは……、霊能力《れいのうりょく》がない仏陀なんて、あるわけがないじゃないですか。

霊能力がなかったら、広がるわけないじゃないですか。教えがこんなに。

質問者Ａ　そうですね。

渡辺照宏　二千五百年も伝わるわけが、絶対にないですよ。

質問者Ａ　人々の心に何か触《ふ》れているから、広がって遺《のこ》っているんですよね。

渡辺照宏　それは「超人《ちょうじん》」でなければおかしいですよ。超人ですよ、やっぱり。そんなねえ、意見を言っている人なんて、いっぱいいるんで。ヨガの仙人《せんにん》なんて、インドにいっぱいいたんだ。そんな人の教えは遺っていませんから。

そらねえ、中村元君は勉強して、秀才《しゅうさい》だったのかもしらんけどね、やっぱり、自分の限界は限界だよね。いや、もともと六次元ぐらいの人なんだろうと思うんだけどね。

質問者A　ああ。

渡辺照宏　だけど、この世の勉強が、またさらに落ちてきているからね、今ね。

質問者A　現代学問のレベルがさらに落ちていますからね。

渡辺照宏　ええ。だから、今、言ったように、地獄《じごく》のねえ、無間《むけん》地獄に行っていることが分からないんだろう？　だって、無間地獄自体を、仏教学者は理解していないから、今。

質問者A　そうですね。まだ病院にいると……。

渡辺照宏　まあ、これでも、天国に上がっている人はいる。でも、まあ、最高六次元なんですよ。それ以上は行っていないんで。だから、神秘体験もしていないしね。ええ。

私だって、菩薩界《ぼさつかい》には、いちおう入っているんですよ。いやあ、まあ、これは甘《あま》いね。やっぱり、体験のない仏教って駄目《だめ》なんですよ。

質問者A　なるほど。

渡辺照宏　だから、あなたがたが、神秘的なことについて話をしたり、映画にしたり、そういう霊現象を見せたりしていることは大事なことですよ。活字だけでねえ、言い始めたら駄目ですよ。

質問者Ａ　そうですね。

渡辺照宏　作家になっちゃう。単なる作家や、説法家《せっぽうか》、講演家になっちゃいけないので。やっぱり、宗教的実践《じっせん》を忘れたら、宗教家じゃない。

## 弟子《でし》が仏陀《ぶっだ》の説法《せっぽう》をいじってはいけない

質問者Ａ　やはり、私たち弟子《でし》のほうも気をつけないといけないですね。活字を……。

渡辺照宏　そうですよ。すぐ、そうなりますよ。

質問者Ａ　はい。仕事を通してやったりしていると、どんどん学問のようになってしまいますしね。

渡辺照宏　うん、そうですよ。編集部なんかがテープ起こししてねえ、勝手に自分らの主観で直しまくって、やっているうちに、自分らが書いているような気になってきたら、それも一緒ですよ。

質問者A　そうですね。

渡辺照宏　気をつけないと。

質問者A　（弟子が）講話をするときなども、みんな、そうならないようにしないといけないですね。

渡辺照宏　本当はねえ、まあ、明らかな言い間違いとかね、そういうものは直してもいいかもしれないけども、仏陀《ぶっだ》の説法《せっぽう》なんか、いじっちゃいけないんで。それが基本なのに、自分の文章へ変えたりしているのは、これは堕《だ》地獄の業《わざ》だから。幸福の科学の編集部だって、地獄に堕ちる人は出ますよ。

質問者A　なるほど。

渡辺照宏　うん、勝手に直したりした人たちは。

質問者A　今後、後世にもわたって……。

渡辺照宏　もう、すでにね。

質問者A　うーん、なるほど！　厳しいですね！

渡辺照宏　だから、弟子たちは、自分たちでやっているような気でいたら、そうなるということだから。

質問者A　ああ、そうですね。そういう勘違《かんちが》いになってきたら危ないですね。

渡辺照宏　はい。ありますよ。気をつけないといけないですよ。

質問者A　はい。気をつけます。

渡辺照宏　まあ、もう、すぐに、子供たちの代でもそうなるかも。弟子の代でもそうなる可能性はありますから。

質問者Ａ　そうですね……。自分たちで教えを切り貼《は》りしたりして、というようにやっていると……。

渡辺照宏　うん、いくらでもつくれるよ。いくらでもつくれるという……。

質問者Ａ　確かに、だんだんそういう感じになっていっている節《ふし》がある人もいますものね。

渡辺照宏　そうそう。そうですよ。「映画」とかでも、自分たちでつくれると思うし。

質問者Ａ　そうそう、そうですね。

渡辺照宏　ね？　もう、「アニメ」なんか自分たちで勝手につくれると思って。それは、もう間違いの始まりなんで。一緒なんですよ。

質問者A　いやあ、厳しいですね。

質問者B　うーん。本当に。

## 宗教においては、「うぬぼれ」が〝最大の穴〟

渡辺照宏　人間はねえ、やっぱり、自分が神とか仏になりたがる癖《くせ》があるんですよ。最高になりたがる癖があってね。いや、これがねえ、危ないですよ。

例えば、アニメならアニメをつくる人たちだって、「大川隆法は、アニメは描《か》けないだろう。自分のほうが技術的には上なんだ」とか、「映画なんかつくれないだろう」「いや、カメラは自分のほうが上だ」とかね、「シナリオは自分が上」とかね、

「演技は自分のほうが上だ」とか、それで、自分のほうが上になっちゃう人がいっぱいいるんで、気をつけないと危ないよ。

質問者A　うーん。そうですね。どの部署でも気をつけなければいけないですね。

渡辺照宏　どこでも起きることですから。

質問者A　そういうことですね。

渡辺照宏　あるいは、出版の社長が、自分のほうが偉《えら》いと思ったりすることだってあるからねえ。気をつけなきゃ、俳優、女優とかも、自分のほうが偉いようになる気持ちだってあるかもしれない。

質問者A　そうですね。

渡辺照宏　もう、「うぬぼれ」が、みんなあるんでねえ。うぬぼれというのはついて回るので。

おたくの長男のことも、心配して見ているんですけどねえ。まあ、あのレベルでうぬぼれるというのは、ちょっと悲しいね。

質問者A　確かに（苦笑）。もう少しレベルが上でうぬぼれるならまだ分かるのですが、「えっ？」と思うようなレベルなので……。

渡辺照宏　ああ。

質問者B　この世的にも認められていません。

質問者Ａ　この世的にも「うん？」と思うようなところですよね。

渡辺照宏　学歴とかでものを判断してはいかんとは思うけどさ、それでも、せめてね、親父《おやじ》が青山《あおやま》学院卒業で、自分が東大を出ててね、「自分のほうが偉い」と言っているんなら、まあ、ちょっと分かるけどね。自分が青山学院を出ててね、「東大を出た親父より自分のほうが天才なんだ」と言うには、ちゃんと、「それなら、それなりの実績を見せろ」ということだよね。そういうこともあるかもしらんけども、ちゃんとそれだけの天才的業績を見せなきゃいけないよね。

質問者Ａ　はい。

渡辺照宏　で、演技でちょっと出してもらって、みんなに「下手《へた》くそ」と言われているだけで、なんでそこまで言えるのか。やっぱり、このうぬぼれは許しがたいわな。

だから、宗教においては、この「うぬぼれ」が〝最大の穴〟なんですよ。中村元でも同じなんですよ。だから、うぬぼれなんですよ。うぬぼれを持つんです、特に。そういう人が狂《くる》うんです。

質問者A　確かに。それから、宗教だと、世間一般《せけんいっぱん》の人が持っていない、霊界《れいかい》での上下関係といったところでも、自分は偉いとか思っているとうぬぼれなどにつながってしまうのでしょうね。

渡辺照宏　本当は出世したくてもね、表の出世ができなかった人が、宗教の世界に来て、〝裏出世〟を狙《ねら》うんですよ。穴場なんです。〝裏出世〟を狙うんで。だから、（中村元も）仏教学者とかをやっていても、ああやって嫉妬《しっと》しているけどね。大川隆法に嫉妬しているけれども、本をいっぱい書いて売りまくったのは、自分もだから。そうなんですよ。仏教学者にしては、商売がうまかったんですよ、彼は。だから、対抗心《たいこうしん》を持つの。

## 東京ドームでの講演会に中村元《なかむらはじめ》は嫉妬《しっと》していた

質問者A　彼自身が、ある程度、金儲《かねもう》けなどに興味がなかったわけではないのでしょうね。

渡辺照宏　あった、あった。

質問者A　だから、総裁先生に対して、先ほどのような言葉を言うのでしょうね。

渡辺照宏　だけど、「もっとお金があれば、儲かれば、学校をもっと大きくしたりできた」という感じがあるわけ。「もっと広告を打てた」とか、そういう気持ちがある。東京ドームで（講演会を）やったりしているのに、嫉妬《しっと》したのよ。

質問者Ａ　やりたかったわけですね。

渡辺照宏　だから、マスコミだけじゃないんですよ。中村元《なかむらはじめ》だって嫉妬したんですよ。

質問者Ａ　なるほど。

渡辺照宏　うん。だから、それはねえ、やっぱり、自分を知らないね。

## 2　学者等の権威《けんい》に負けず、神仏を護《まも》り抜《ぬ》く

### 仏陀《ぶっだ》の説法《せっぽう》は「救いの糸」として地獄《じごく》にも下ろされている

質問者Ａ　でも、やはり、総裁先生の御法話《ごほうわ》のときには、天上界《てんじょうかい》から地獄界《じごくかい》まで、いちおう声が伝わっているということですか。

渡辺照宏　それはそうですよ。仏陀《ぶっだ》の説法《せっぽう》というのは、そういうものですよ。

質問者Ａ　すごいですね。

渡辺照宏　だから、天上界の天使たち、天使、菩薩《ぼさつ》、神仏《かみほとけ》も聴《き》いているけども、地

獄の底まで届いているの、声は。スピーカーみたいに。大勢の人を、衆生《しゅじょう》を救うために。

まあ、「地獄に届いている」というのは、正確ではないかもしらんけど、この「蜘蛛《くも》の糸」？「救いの糸」は、いっぱい下りているんですよ。

質問者A　なるほど。

渡辺照宏　これを聴いて、何か悟《さと》れというのが聞こえるんですよ。

質問者A　なるほど！　今世《こんぜ》、説法されているときにも、蜘蛛の糸がたくさん無数に下ろされているということですか。

渡辺照宏　そうですよ、大事なんですよ。

質問者Ａ　うわあ……。すごいですね。

「永遠の真理を説く人」を護《まも》らなければいけない

渡辺照宏　だからね、護《まも》らないといけないんですよ、あなたがた。

この世的にね、それは、トヨタ自動車で車をつくる社長も偉《えら》いかもしらんけども、そんなものはすぐ終わっていくからね。車なんて、どうせ変わっていくに決まっている。

そんなものじゃなくて、「永遠の真理を説く人」というのは、どれほど大事か。だから、護らなきゃ、一生懸命《いっしょうけんめい》護らなきゃ駄目《だめ》ですよ。

それは、まあ、大学の教授だとかね、名誉《めいよ》教授だとか、学長だとか、学部長だとか、この世的に偉そうな人はいっぱいいるかもしれんし、「学問的には」とか「科学的には」とか、いろんなことを言ってくる人もいるけど、そんなのに負けちゃあ駄目ですよ、本当ね。いやあ、先生を護らなきゃ駄目だよ。

質問者A　はい。

渡辺照宏　中村元《なかむらはじめ》なんかの権威《けんい》に負けちゃあ駄目だよ。
それから、今、それを文科省とかが判断すりゃ、あちらのほうが正しいように判断するんだろ？　どうせな。

質問者B　はい。

渡辺照宏　で、そちらのほうが、学問的だと言うんだろ？　中村元は、考古学的に、お経《きょう》の古いやつを、最古層のお経を引っ張り出して、それのほうが正しいということをやったということを言っているんだろ？　まあ、それが正しいかどうかは分かんないわな。

だからね、お経っていったって、それは、粘土《ねんど》に書いたとかさ、粘土板に書いたとかいうのだって、後世の人たちの仕事だからね、どこまで正しいか分からないわな。

まあ、それはねえ、感じ取るのに「霊格《れいかく》」が要《い》るんですよ。一定の格がなければ、分からないんですよ、言っていることがね。みんな、自分のほうが偉いことになり……。

だから、仏教学者、宗教学者は気をつけないと、自分のほうが専門家だとか思うと、すぐうぬぼれて、いろいろ言ってくるからね。気をつけたほうがいいよ。

質問者B　はい。

渡辺照宏　うーん、まあ、あと、この世の表の世界で出世した人も、同じ傾向《けいこう》はあるからね。
この世的に私のほうが偉いからと……、「総理だから偉い」とか、始まってね。「外交官だから偉い」とか、「弁護士だから偉い」とか、「裁判官だから偉い」とか、いろんなことを言うけど、知るべき立場じゃないでしょうということを知らなきゃいけないよね。

質問者A　はい。

## 仏教を壊《こわ》そうとしている者がいる

渡辺照宏　まあ、先生を護らなきゃ駄目ですよ、本当に。ああいう学者の嫉妬心《しっとしん》に負けちゃ駄目ですよ。

質問者A　はい。

渡辺照宏　これからも、嫉妬心はまだまだ来ますから。来るものは、だんだん昔より大きくはなっているんでしょうけどね。「権威」といわれる人たちを否定しているからね、来ているんでしょうけど。だから、悪魔《あくま》のなかにも、まあ……。これだって、抜《ぬ》け出せるか、悪魔になるか、分からないから、まだね。

質問者Ａ　でも、総裁先生の心臓に負担がきてはいたので、やはり、波動《はどう》はすごく悪かったところはあるのだろうと……。

質問者Ｂ　悪魔的な波動……。

渡辺照宏　いやあ、中村元と渡辺照宏を比べたりし始めたから、ちょっと来ていたんだろうとは思うけどね。

質問者Ａ　中村元さんのほうが後輩《こうはい》ですよね。

渡辺照宏　一人でいるけど、いや、実は、目に見えないところでは、ほかに眷属《けんぞく》が動いているかもしらん。

質問者Ａ　ああー。なるほど。

質問者Ｂ　中村元の？

渡辺照宏　要するに、仏教を壊《こわ》そうとしているやつがいるかもしれない。仏教を間《ま》違《ちが》ったほうに引っ張っていこうとしている。そっちへ。

質問者Ａ　彼には弟子《でし》がいますもんね。

渡辺照宏　いっぱいですよ。いっぱいいますよ。

質問者Ａ　うわあ……。

渡辺照宏　中村元の弟子ですよ、みんな。丸山《まるやま》学派と同じです。

質問者Ｂ　うーん、なるほど。

渡辺照宏　中村元学派、ほとんどそうですよ。もう、ほとんどがそうです、今、残っているのは。だから、霊的なものを受け付けない仏教です。唯物論《ゆいぶつろん》の仏教なんです。

質問者A　今日の御法話のテーマには、「唯物論」もけっこう入っていましたよね（本書「地獄に堕《お》ちた場合の心得《こころえ》」参照）。

渡辺照宏　唯物論の仏教なんですよ、はっきり言えば。

質問者A　もう、仏教ではありませんね。

渡辺照宏　いや、釈尊《しゃくそん》の取り方を、そういうふうに取る人もいるわけですよ。一見、哲学《てつがく》的な教えもありますからね。
　でも、まあ、そのほうが「かっこいい」と思っているんですよ。哲学的に言ったほうが「かっこいい」と思って。要するに、「不可知論」みたいなほうに持っていくんですよ。だから、あなたがいろいろ訊《き》いたことで、答えられないものは、「不可知論」で全部来るんですよ。

質問者Ａ　そうです。全部ですよね。

渡辺照宏　哲学と一緒《いっしょ》。

質問者Ｂ　そうですよね。確かに……。

渡辺照宏　それが分からない。

質問者Ａ　それを言い逃《のが》れていることを、自分で恥《は》ずかしいと思わないのでしょうか。

渡辺照宏　「第一原因は分からない」って。「哲学は分からないんです、それについては」って。

神を信じるのは宗教の立場で、哲学の立場じゃないからね。神を信じたくないから、哲学者を名乗っているんです。そういうことだと思う。

質問者A　分かりました。

「いろんな権威《けんい》に負けないように頑張《がんば》りなさい」

渡辺照宏　まあ、今日の話の付録かなんかになるかもね。

質問者A　確かに。

渡辺照宏　頑張《がんば》りなさいね。

質問者A　はい。

渡辺照宏　いろんな権威《けんい》に負けないように。

中村元が出てきて、今、お坊《ぼう》さんたちに毒が流れているんですよ、全部。毒素が。中村元の本を読んで勉強していた人たちが、今、大川隆法の本を読み始めているから。だから困っているんですよ。

質問者A　なるほど。いちおう争っているということですね。

渡辺照宏　争っているんですよ。

質問者A・B　戦っているんですね。

渡辺照宏　大学で得度《とくど》してね、坊さんになるのに、中村元流の教えを学んで、坊さんになれるわけですよ。

質問者A　最近も、「仏陀の霊言《れいげん》」の広告を二回ほど大きく出したりしましたから。

質問者B　出していますね。

渡辺照宏　そうそう。だから、修法《しゅうほう》とかそんなのね、作法《さほう》を覚えたら、あと、お経を読んで、そのあたり、やったらできるんですよ。書道をちょっとやってね。だけど、今、大川隆法の本を読んで、「そういうことだったんか」ということを悟ってき始めた坊さんが増えているんですよ。神社の宮司《ぐうじ》さんたちだって読んでいるからね。

質問者B　幸福の科学の映画「心霊喫茶《きっさ》『エクストラ』の秘密」のイイシラセでも、天台宗《てんだいしゅう》の住職《じゅうしょく》さんが、映画を観《み》て、「幸福の科学の勉強をしたい」と言って三帰誓《さんきせい》願《がん》されたという話がありましたね。

渡辺照宏　だから、いやあ、敵なんですよ、あっちから見ればね。いやあ、それは、「心臓にきた」とか言っているの、それは悪魔だっているに違いないでしょ。

質問者A　なるほど。

渡辺照宏　無間《むけん》地獄にいるんでしょう?

質問者A　はい。

渡辺照宏　無間地獄に閉《と》じ込《こ》められているんだから。閉じ込めているやつはいるんですよ。

質問者A　教祖のようなものですもんね。

渡辺照宏　鬼《おに》の番人みたいなのがいるんですよ、それはねえ。

質問者A　ああ……。

質問者B　悪さをしないように閉じ込めている番人が……。

渡辺照宏　うん。まあ、いいんじゃないですか。私は、ホラーを勧《すす》めますね。そんなのを見せて、憑《つ》いていたら、観ていて怖《こわ》がるだろうから。

質問者A　いちおう、ホラー（映画）の巨匠《きょしょう》たちも、「これで、中国の唯物論を破ることは可能だ」と言っていました。

渡辺照宏　しかし、自分が地獄に堕ちることも可能……。

質問者A　そうですね。それも可能であるということですね。分かりました。ぜひ、今後ともお力《ちから》添《ぞ》えをお願いいたします。

渡辺照宏　はい、はい。困ったら呼んでください。

質問者B　はい。ありがとうございます。

質問者A　ありがとうございました。

# あとがき

この世で、地位や名誉や、権勢があっても、あの世で通じるわけではない。宗教に関心があって、時折、仏教の書を読む人たちであっても、「中村元《なかむらはじめ》の霊言」と「渡辺照宏《わたなべしょうこう》の霊言」との対比に、がく然とする人は多かろう。

宗教から、信仰心や神秘性、霊性を取り去ったら、あとはガラクタの山になることもあるのだ。

大切なことは、神仏の存在を信じ、「愛」や「慈悲」、「永遠の生命《いのち》」を感じとることだ。

できたら生きているうちに「天国的なもの」と「地獄的なもの」を直観《ちょっかん》的に感じ

とることだ。

宗教を信じるということは、科学的でも学問的でもない。それは本来の自己を知ることであり、自分が生かされていることを知ることである。私の著書は二千七百冊を超えた。嘘や冗談でやり続けられることではない。

地獄に堕ちそうな方には、ぜひ生前に本書の献本《けんぽん》をお願いしたい。

二〇二〇年　六月二十七日

幸福《こうふく》の科学《かがく》グループ創始者兼総裁《そうししゃけんそうさい》　大川隆法《おおかわりゅうほう》

## 『地獄に堕ちた場合の心得』関連書籍

『漏尽通力』（大川隆法 著　幸福の科学出版刊）

『嘘をつくなかれ。』（同右）

『仏陀再誕』（同右）

『ローマ教皇フランシスコ守護霊の霊言』（同右）

『黒川弘務検事長の本心に迫る』（同右）

『パンダルンダ別巻 ミラクルそんちょうのおはなし～くものいと～』

（大川隆法 企画・原案／大川紫央 作　同右）

## 地獄《じごく》に堕《お》ちた場合《ばあい》の心得《こころえ》

──「あの世」に還る前に知っておくべき智慧──

2020年7月10日　初版第1刷



著　者　　大《おお》川《かわ》隆《りゅう》法《ほう》



発行所　　幸福の科学出版株式会社

〒107-0052 東京都港区赤坂2丁目10番8号
TEL(03)5573-7700
https://www.irhpress.co.jp/

印刷・製本　株式会社 研文社

落丁・乱丁本はおとりかえいたします





ISBN978-4-8233-0195-7 C0014

カバー Klagyivik Viktor/Shutterstock.com
装丁・イラスト・写真（上記・パブリックドメインを除く）© 幸福の科学

## 大川隆法ベストセラーズ・死後、地獄に堕ちないために

# あなたの知らない地獄の話。

### 天国に還るために今からできること

無頼漢、土中、擂鉢《すりばち》、畜生、焦熱、阿修羅、色情、餓鬼、悪魔界――、現代社会に合わせて変化している地獄の最新事情とその脱出法を解説した必読の一書。

1,500 円

# 地獄の方程式

### こう考えたらあなたも真夏の幽霊

どういう考え方を持っていると、死後、地獄に堕ちてしまうのか。その「心の法則」が明らかに。「知らなかった」では済まされない、霊的世界の真実。

1,500 円

# ザ・ポゼッション

### 憑依の真相

英語説法 英日対訳

悪霊が与える影響や、憑依からの脱出法、自分が幽霊になって迷わないために知っておくべきことなど、人生をもっと光に近づけるためのヒントがここに。

1,500 円

# 悪魔からの防衛術

### 「リアル・エクソシズム」入門

現代の「心理学」や「法律学」の奥にある、霊的な「正義」と「悪」の諸相が明らかに。"目に見えない脅威"から、あなたの人生を護る降魔入門。

1,600 円

※表示価格は本体価格（税別）です。

## 大川隆法 霊言シリーズ・著名人の死後に迫る

### 仏教学から観た「幸福の科学」分析

**東大名誉教授・中村元と仏教学者・渡辺照宏のパースペクティブ（視角）から**

仏教は「無霊魂説」ではない！ 仏教学の権威 中村元氏の死後14年目の衝撃の真実と、渡辺照宏氏の天上界からのメッセージを収録。

1,500円

---

### 渡部昇一「天国での知的生活」と「自助論」を語る

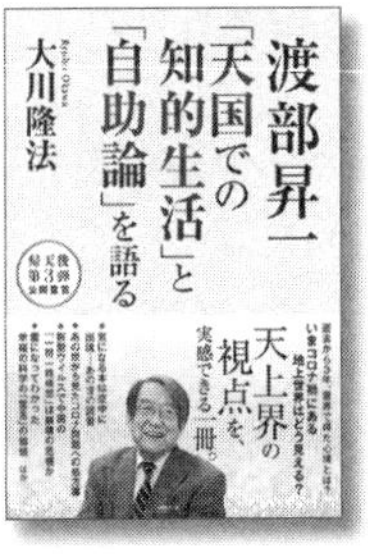


未来を拓く鍵は「自助論」にあり──。霊界での知的生活の様子や、地上のコロナ禍に対する処方箋など、さまざまな問題に“霊界評論家”渡部昇一が答える。

1,400円

---

### 地獄の条件 ──松本清張・霊界の深層海流

社会悪を追及していた作家が、なぜ地獄に堕ちたのか？ 戦後日本のマスコミを蝕む地獄思想の源流の一つが明らかになる。

1,400円

---

### 毛沢東の霊言

**中国覇権主義、暗黒の原点を探る**

言論統制、覇権拡大、人民虐殺──、中国共産主義の根幹に隠された恐るべき真実とは。中国建国の父・毛沢東の虚像を打ち砕く！

1,400円

※表示価格は本体価格（税別）です。

## 大川隆法ベストセラーズ・心の修行の指針

### 漏尽通力

**現代的霊能力の極致**

高度な霊能力の諸相について語った貴重な書を、秘蔵の講義を新規収録した上で新装復刻！ 神秘性と合理性を融合した「人間完成への道」がここにある。

1,700円

---

### 嘘をつくなかれ。

嘘をついても、「因果の理法」はねじ曲げられない──。中国の国家レベルの嘘や、悪口産業と化すマスコミに警鐘を鳴らし、「知的正直さ」の価値を説く。

1,500円

---

### 悪魔の嫌うこと

悪魔は現実に存在し、心の隙を狙ってくる！ 悪魔の嫌う3カ条、怨霊の実態、悪魔の正体の見破り方など、目に見えない脅威から身を護るための「悟りの書」。

1,600円

---

### 生霊論

**運命向上の智慧と秘術**

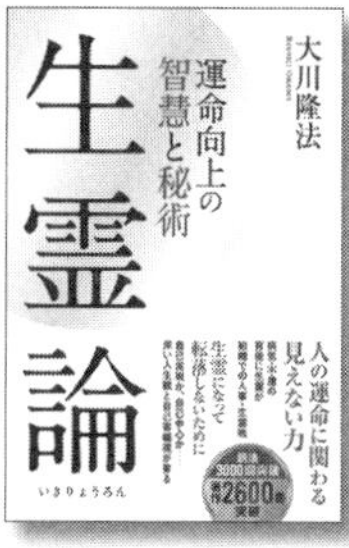


人生に、直接的・間接的に影響を与える生霊──。「さまざまな生霊現象」「影響を受けない対策」「自分がならないための心構え」が分かる必読の一書。

1,600円

幸福の科学出版

# 大川隆法シリーズ・最新刊

## 大川隆法 思想の源流

### ハンナ・アレントと「自由の創設」

ハンナ・アレントが提唱した「自由の創設」とは？「大川隆法の政治哲学の源流」が、ここに明かされる。著者が東京大学在学時に執筆した論文を特別収録。

1,800 円

---

## 「呪い返し」の戦い方

### あなたの身を護る予防法と対処法

あなたの人生にも「呪い」は影響している──。リアルな実例を交えつつ、その発生原因から具体的な対策まで解き明かす。運勢を好転させる智慧がここに。

1,500 円

---

## 真説・八正道

### 自己変革のすすめ

「現代的悟りの方法論」の集大成とも言える原著に、仏教的な要点解説を加筆して新装復刻。混迷の時代において、新しい自分に出会い、未来を拓く一冊。

1,700 円

---

## 現代の武士道

洋の東西を問わず、古代から連綿と続く武士道精神──。その源流を明かし、強く、潔く人生を生き切るための「真剣勝負」「一日一生」「誠」の心を語る。

1,600 円

---

※表示価格は本体価格（税別）です。

ドキュメンタリー映画
奇跡との出会い。
―心に寄り添う。3―
それは、あなたの人生にも起こる。
末期ガン、白血病、心筋梗塞、不慮の事故――
医者も驚く奇跡現象を体験した人びと。
その真実を描いた感動のドキュメンタリー。
企画／大川隆法
出演／希島 凛　市原綾真　監督／奥津貴之　音楽／水澤有一
製作／ARI Production　製作協力／ニュースター・プロダクション　配給／日活　配給協力／東京テアトル　©2020 ARI Production
8月28日(金)公開

1991年7月15日、東京ドーム。
人類史を変える「歴史的瞬間」が誕生した。
――これは、映画を超えた真実。
夜明けを信じて。
2020年10月16日(金) ROADSHOW
製作総指揮・原作 大川隆法
田中宏明 千眼美子 長谷川奈央 芦川よしみ 石橋保
監督／赤羽博 音楽 水澤有一 脚本／大川咲也加 製作／幸福の科学出版 製作協力 ARI Production ニュースター・プロダクション
制作プロダクション／ジャンゴフィルム 配給 日活 配給協力／東京テアトル ©2020 IRH Press

# 幸福の科学グループのご案内

**宗教、教育、政治、出版などの活動を通じて、地球的ユートピアの実現を目指しています。**

## 幸福の科学

一九八六年に立宗。信仰の対象は、地球系霊団の最高大霊、主エル・カンターレ。世界百カ国以上の国々に信者を持ち、全人類救済という尊い使命のもと、信者は、「愛」と「悟り」と「ユートピア建設」の教えの実践、伝道に励んでいます。

（二〇二〇年六月現在）

### 愛

幸福の科学の「愛」とは、与える愛です。これは、仏教の慈悲《じひ》や布施《ふせ》の精神と同じことです。信者は、仏法真理をお伝えすることを通して、多くの方に幸福な人生を送っていただくための活動に励んでいます。

### 悟り

「悟り」とは、自らが仏の子であることを知るということです。教学《きょうがく》や精神統一によって心を磨き、智慧《ちえ》を得て悩みを解決すると共に、天使・菩薩《ぼさつ》の境地を目指し、より多くの人を救える力を身につけていきます。

### ユートピア建設

私たち人間は、地上に理想世界を建設するという尊い使命を持って生まれてきています。社会の悪を押しとどめ、善を推し進めるために、信者はさまざまな活動に積極的に参加しています。

国内外の世界で貧困や災害、心の病で苦しんでいる人々に対しては、現地メンバーや支援団体と連携して、物心両面にわたり、あらゆる手段で手を差し伸べています。

年間約２万人の自殺者を減らすため、全国各地で街頭キャンペーンを展開しています。

公式サイト **www.withyou-hs.net**

ヘレン・ケラーを理想として活動する、ハンディキャップを持つ方とボランティアの会です。視聴覚障害者、肢体不自由な方々に仏法真理を学んでいただくための、さまざまなサポートをしています。

公式サイト **www.helen-hs.net**

## 入会のご案内

幸福の科学では、大川隆法総裁が説く仏法真理《ぶっぽうしんり》をもとに、「どうすれば幸福になれるのか、また、他の人を幸福にできるのか」を学び、実践しています。

**入会**

### 仏法真理を学んでみたい方へ

大川隆法総裁の教えを信じ、学ぼうとする方なら、どなたでも入会できます。入会された方には、『入会版「正心法語《しょうしんほうご》」』が授与されます。

ネット入会 入会ご希望の方はネットからも入会できます。
**happy-science.jp/joinus**

**三帰《さんき》誓願《せいがん》**

### 信仰をさらに深めたい方へ

仏弟子としてさらに信仰を深めたい方は、仏《ぶっ》・法《ぽう》・僧《そう》の三宝《さんぽう》への帰依を誓う「三帰誓願式」を受けることができます。三帰誓願者には、『仏説・正心法語』『祈願文《きがんもん》①』『祈願文②』『エル・カンターレへの祈り』が授与されます。

幸福の科学 サービスセンター
TEL 03-5793-1727
受付時間／火～金：10～20時 土・日祝：10～18時（月曜を除く）

幸福の科学 公式サイト
happy-science.jp

# ハッピー・サイエンス・ユニバーシティ
Happy Science University

**ハッピー・サイエンス・ユニバーシティとは**

ハッピー・サイエンス・ユニバーシティ(HSU)は、大川隆法総裁が設立された「現代の松下村塾」であり、「日本発の本格私学」です。
建学の精神として「幸福の探究と新文明の創造」を掲げ、チャレンジ精神にあふれ、新時代を切り拓く人材の輩出を目指します。

人間幸福学部　経営成功学部　未来産業学部

**HSU長生キャンパス** TEL **0475-32-7770**
〒299-4325 千葉県長生郡長生村一松丙 4427-1

未来創造学部

**HSU未来創造・東京キャンパス**
TEL **03-3699-7707**
〒136-0076 東京都江東区南砂2-6-5　公式サイト **happy-science.university**

# 学校法人 幸福の科学学園

学校法人 幸福の科学学園は、幸福の科学の教育理念のもとにつくられた教育機関です。人間にとって最も大切な宗教教育の導入を通じて精神性を高めながら、ユートピア建設に貢献する人材輩出を目指しています。

**幸福の科学学園**
**中学校・高等学校(那須本校)**
2010年4月開校・栃木県那須郡(男女共学・全寮制)
TEL **0287-75-7777** 公式サイト **happy-science.ac.jp**

**関西中学校・高等学校(関西校)**
2013年4月開校・滋賀県大津市(男女共学・寮及び通学)
TEL **077-573-7774** 公式サイト **kansai.happy-science.ac.jp**

## 仏法真理塾「サクセスNo.1」

全国に本校・拠点・支部校を展開する、幸福の科学による信仰教育の機関です。小学生・中学生・高校生を対象に、信仰教育・徳育にウエイトを置きつつ、将来、社会人として活躍するための学力養成にも力を注いでいます。

TEL 03-5750-0751（東京本校）

## エンゼルプランV

東京本校を中心に、全国に支部教室を展開しています。信仰に基づいて、幼児の心を豊かに育む情操教育を行っています。また、知育や創造活動を通して、子どもの個性を大切に伸ばし、天使に育てる幼児教室です。

TEL 03-5750-0757（東京本校）

## 不登校児支援スクール「ネバー・マインド」 TEL 03-5750-1741

心の面からのアプローチを重視して、不登校の子供たちを支援しています。

## ユー・アー・エンゼル!（あなたは天使!）運動

障害児の不安や悩みに取り組み、ご両親を励まし、勇気づける、障害児支援のボランティア運動を展開しています。

一般社団法人 ユー・アー・エンゼル
TEL 03-6426-7797

### NPO活動支援

いじめから子供を守ろうネットワーク

学校からのいじめ追放を目指し、さまざまな社会提言をしています。また、各地でのシンポジウムや学校への啓発ポスター掲示等に取り組む一般財団法人「いじめから子供を守ろうネットワーク」を支援しています。

公式サイト mamoro.org ブログ blog.mamoro.org
相談窓口 TEL.03-5544-8989

## 百歳まで生きる会

「百歳まで生きる会」は、生涯現役人生を掲げ、友達づくり、生きがいづくりをめざしている幸福の科学のシニア信者の集まりです。

## シニア・プラン21

生涯反省で人生を再生・新生し、希望に満ちた生涯現役人生を生きる仏法真理道場です。定期的に開催される研修には、年齢を問わず、多くの方が参加しています。
全世界212カ所（国内197カ所、海外15カ所）で開校中。

【東京校】 TEL 03-6384-0778 FAX 03-6384-0779
メール senior-plan@kofuku-no-kagaku.or.jp

# 幸福実現党

内憂外患《ないゆうがいかん》の国難に立ち向かうべく、2009年5月に幸福実現党を立党しました。創立者である大川隆法党総裁の精神的指導のもと、宗教だけでは解決できない問題に取り組み、幸福を具体化するための力になっています。

党の機関紙
「幸福実現党NEWS」

幸福実現党 釈量子サイト　shaku-ryoko.net
Twitter　釈量子@shakuryokoで検索

## 幸福実現党　党員募集中

あなたも幸福を実現する政治に参画しませんか。

- ○幸福実現党の理念と綱領、政策に賛同する18歳以上の方なら、どなたでも参加いただけます。
- ○党費：正党員（年額5千円［学生 年額2千円］）、特別党員（年額10万円以上）、家族党員（年額2千円）
- ○党員資格は党費を入金された日から1年間です。
- ○正党員、特別党員の皆様には機関紙「幸福実現党NEWS（党員版）」（不定期発行）が送付されます。

＊申込書は、下記、幸福実現党公式サイトでダウンロードできます。
住所：〒107-0052　東京都港区赤坂2-10-8 6階 幸福実現党本部
TEL 03-6441-0754　FAX 03-6441-0764
公式サイト hr-party.jp

出版 メディア 芸能文化 幸福の科学グループ

# 幸福の科学出版

大川隆法総裁の仏法真理の書を中心に、ビジネス、自己啓発、小説など、さまざまなジャンルの書籍・雑誌を出版しています。他にも、映画事業、文学・学術発展のための振興事業、テレビ・ラジオ番組の提供など、幸福の科学文化を広げる事業を行っています。

アー・ユー・ハッピー?
**are-you-happy.com**

ザ・リバティ
**the-liberty.com**

幸福の科学出版
TEL **03-5573-7700**
公式サイト **irhpress.co.jp**

THE FACT

**ザ・ファクト**
マスコミが報道しない
「事実」を世界に伝える
ネット・オピニオン番組

ザ・ファクト 検索

NEW STAR PRODUCTION

# ニュースター・プロダクション

「新時代の美」を創造する芸能プロダクションです。多くの方々に良き感化を与えられるような魅力あふれるタレントを世に送り出すべく、日々、活動しています。 公式サイト **newstarpro.co.jp**

ARI Production

# ARI《アリ》 Production《プロダクション》

タレント一人ひとりの個性や魅力を引き出し、「新時代を創造するエンターテインメント」をコンセプトに、世の中に精神的価値のある作品を提供していく芸能プロダクションです。 公式サイト **aripro.co.jp**

## 大川隆法　講演会のご案内

大川隆法総裁の講演会が全国各地で開催されています。講演のなかでは、毎回、「世界教師」としての立場から、幸福な人生を生きるための心の教えをはじめ、世界各地で起きている宗教対立、紛争、国際政治や経済といった時事問題に対する指針など、日本と世界がさらなる繁栄の未来を実現するための道筋が示されています。

2019年12月17日 さいたまスーパーアリーナ「新しき繁栄の時代へ」

2019年10月6日 ザ ウェスティン ハーバーキャッスル トロント(カナダ)
「The Reason We Are Here」

2019年7月5日 福岡国際センター
「人生に自信を持て」

2019年3月3日 グランド ハイアット 台北(台湾)
「愛は憎しみを超えて」

2019年7月13日 ホテル イースト21 東京
「幸福への論点」

講演会には、どなたでもご参加いただけます。
最新の講演会の開催情報はこちらへ。⟹　大川隆法総裁公式サイト https://ryuho-okawa.org